Stefan Wagner

Aufnahme läuft

Ihr erfolgreicher Medienauftritt

Interviews meistern mit dem Intomedia-Prinzip

UEBERREUTER

ISBN 978-3-8000-7467-9

Covergestaltung und Layout: Walter Reiterer; reiterergrafik.at
Coverfoto: openwater/fotolia.com
Grafiken: Wolfgang Spekner, Stefan Schimmel

Gedruckt in Österreich
7 6 5 4 3 2 1

Ueberreuter im Internet: www.ueberreuter.at

Inhalt

Vorwort

Sonntage, an denen Andrea, meine Frau, beruflich zu tun hat und meine Sprösslinge Lena, Nils und Julian nach der Saturday-Night-Party das Bett vor Anbruch der Dunkelheit nicht verlassen, nütze ich von Zeit zu Zeit, um mich nachmittags ein wenig mit Fernsehen fortzubilden. In Ruhe und Gemütlichkeit. Als wären vier Jahrzehnte Fernsehen nicht genug, zieht mich das Medium immer noch in seinen Bann.

Doch nach einigen Viertelstunden auf der Couch vor meinem TV-Gerät fühle ich mich zusehends wie ein geistiger Tiefflieger. Ich stelle mir die schlichten Fragen: Was soll das? Wozu existiere ich? Und warum um Gottes Willen machen alle anderen Menschen etwas Sinnvolles aus ihrer Freizeit, gestalten ihr Leben aktiv und richten ihr Denken und Tun auf wichtige Ziele, während ich nichts Besseres zu tun habe, als in diese verdammte Glotze zu schauen?

An Sonntagen wie diesem läuft etwas aus dem Ruder, läuft ins Gegenteil dessen, was ich will: ein besserer, klügerer, interessanterer, einfach ein wertvoller Mensch zu werden. Es ist wie Balsam auf der Seele, wenn ich letztendlich den Off-Knopf drücke, mich losreiße und aufs Land flüchte. Dorthin, wo ich herkomme. Zu meiner Ab-Stamm-Familie – den „Waltons von Oeynhausen".

Mein sportiver Vater Seite an Seite mit meiner „Du bleibst immer mein Junge"-Mutter und meinem Schwesterherz, das mich stets empfängt, umarmt und drückt, als wären wir die geschwisterlichen Hauptdarsteller in einem amerikanischen Südstaatenepos. Alle meine Tanten, Onkel, Großcousinen und Kleincousins, Nichten, Neffen und Urgroßeltern meiner Kinder versammeln sich, um mir spätestens nach dem Kaffee die alles entscheidende Frage zu stellen: „Wann sendet Ihr im Fernsehen endlich wieder etwas Gescheites?"

Mein Wunsch, ein besserer, klügerer, interessanterer, ja: ein wertvoller Mensch zu werden, und die Sehnsucht meiner Familie nach einem „gescheiteren" Programm stehen stellvertretend für das Grundbedürfnis von Millionen Menschen vor den Fernseh- und Radiogeräten, die sich die Mühe machen, den On-Knopf zu drücken. Oder die Geldbörse zücken, um eine Zeitung zu kaufen.

Sie wollen etwas davon haben.
Sie wollen „gescheiter sein, als sie vorher waren". Sie wollen sich besser fühlen.
Ein kluger Österreicher, eine intelligente Deutsche oder ein gescheiter Schweizer im mittleren Lebensalter hat – medienwissenschaftlich betrachtet – bereits 43.800 Stunden Medien konsumiert. Das sind 1825 Tage rund um die Uhr oder fünf Jahre dieses Menschenlebens.
Für Sie als zukünftige Interviewpartner und Interviewpartnerinnen ist es von dringlicher Wichtigkeit, zu wissen, warum Menschen so viel Zeit in den Konsum von Medien und somit in den Konsum von Interviews investieren. Noch bevor Sie daran gehen, sich zu überlegen, was Sie in Interviews am besten sagen und welche Techniken Sie anwenden sollen, um gleichzeitig sympathisch, kompetent und glaubwürdig zu wirken.
Die erste Frage muss sein: Wie funktioniert der Rezipient?
Sobald der Fernseher eingeschaltet oder die Zeitung aufgeschlagen wird, wird auch im Konsumenten gleichsam ein On-Knopf gedrückt: Seine „Aktualisierungstendenz" wird aktiviert. Diese Tendenz liegt jedem Lebewesen zugrunde, auch Tieren und Pflanzen. Wie der Mensch wollen sie leben, wachsen und stärker werden. Was hierbei der Platane das Licht ist, ist dem Tiger die Gazellenherde oder dem Nachbarn der gut dotierte Abteilungsleiterposten.
Ganz gleich, wohin wir unsere Energie im Sinne von Zielerreichung und privaten Bestrebungen konkret richten – die Frage, die uns eint, ist: Was nützt mir dabei? Was sichert mein Leben? Und wie erreiche ich all das auf dem direktesten Weg und auf die bequemste Art und Weise? Ob es uns nun wichtig ist, im Job erfolgreich oder zu Hause als Mann, Frau, Vater oder Mutter liebenswert zu sein oder toll im Bett: Wenn wir das Fernseh- und das Radiogerät eingeschaltet oder die Zeitschrift aufgeschlagen haben, wollen wir, dass das gewählte Medium seinen Beitrag dazu leistet.
Wir wünschen uns Informationen, Bilder und Beiträge, die uns helfen, mit dem Leben klarzukommen, Chancen zu erkennen und sie zu nutzen. Wir wollen, dass Interviews den Stoff liefern, den wir brauchen, um ein besseres, bequemeres und sichereres Leben führen zu können.
Wer will, dass Radiohören und Fernsehen Sinn macht und einen Beitrag zum Anspruch auf Aktualisierung des Menschen leistet, hat es nicht leicht.

So mancher schwärmt von ausführlichen Dokumentationen, von informativen Reiseberichten und umfassenden Reportagen. Doch wenn man im Anschluss an diese Sendungsformen nach den harten Fakten fragt, ist es mit der faszinierenden 30-Minuten-Dokumentation über den Silberadler nicht mehr weit her. Welche Spannweite hat das Vieh? Wo lebt der Vogel und wie alt wird er? Diese durchwegs interessanten Fragen nach den Facts bleiben zumeist unbeantwortbar. Eher erinnert man sich an die unglaublichen Aufnahmen. An den Sturzflug mit Schnabelkamera oder an den todbringenden Flug aus der Perspektive des Opfers, des bedauernswerten Kaninchens. Der Effekt behält gegenüber der Information in den meisten Fällen die Oberhand.

Vierundzwanzig Stunden täglich bewegen sich Radio und Fernsehen unaufhörlich weiter. Niemals bleibt Zeit, um zu verweilen, mag der Augenblick auch noch so informativ sein. Selbst bei Rosamunde Pilchers Romanzen dürfen die Tränen am Ende nicht trocknen. Kaum ist der letzte Kader einer Sendung über den Schirm geflimmert, heult die Promotion schon der kommenden Serie auf diesem Kanal entgegen, kündigt das nächste Europacupfinale an oder gibt mittels Teasing einen raschen Überblick über das Programm des nächsten Wochenendes.

Deshalb wirft man den Medien vor, oberflächlich zu sein. Doch die Flüchtigkeit liegt in deren Natur.

Eine Pause zu machen, bedeutet für Medienmacher Gefahr. Das Damoklesschwert „Fernbedienung" schwebt ständig über ihnen - vom Sendungsgestalter bis zur Intendantin. Pause heißt: Eine kleine Bewegung mit welchem Finger auch immer und das Publikum befindet sich in den Armen der Konkurrenz. Das senkt den Wert der Werbesekunde. Das ruiniert das Budget. Weiht das Unternehmen dem Untergang. So sind die Medien Radio und Fernsehen im Grunde ständig auf der Flucht. Auf der Flucht vor der Pause.

Radio und Fernsehen zählen, wie oben erwähnt, als elektronische Medien zu den flüchtigen Medien. Im Gegensatz zu den intellektuellen Medien, den Zeitungen. Ja, richtig - dazu zählen selbst die deutsche *Bild* und die österreichische *Kronen Zeitung*. Eine Zeitung ist leicht, tragbar und geduldig wie das Papier, aus dem sie gemacht ist. Ich kann sie lesen, mit ihr spazieren gehen oder den Kaninchenkäfig damit auslegen und ich kann - und das ist phänomenal - sie jederzeit zur Hand nehmen. Ich kann den Artikel, der mich interessiert, fünf Mal lesen oder ihn auswen-

dig lernen, wenn es notwendig erscheint. Ich kann ihn anderen zeigen als Beweis für meine Behauptungen in dieser oder jener Angelegenheit: „Da, lies selbst! Da steht es, schwarz auf weiß."
Diese Möglichkeit fehlt bei den elektronischen Medien. Alle Informationen, die für TV und Radio aufbereitet werden, müssen in jener Sekunde verständlich sein und attraktiv wirken, in der die Seherin oder der Hörer sie aufnimmt. Schaffen Sie es nicht, Ihr Statement nach diesem Prinzip zu gestalten, ist die enthaltene Information unwiederbringlich verloren. Dieses Buch zeigt Ihnen, wie Sie diese Hürden mit Leichtigkeit und gleichzeitiger Konzentration auf Ihr Vorhaben überwinden. Wie Sie Schnelllebigkeit, hohes Tempo und höchsten Anspruch auf Gehalt und Nutzen für sich verwenden können. Es macht Sie durch Einsicht, Anleitungen und Fallbeschreibungen aus der Praxis zu professionellen Interviewpartnern und gerissenen Benützerinnen der medialen Öffentlichkeit.
Und es sorgt ein für allemal dafür, dass meine Stammfamilie endlich etwas Gescheites im Programm findet.

Die Dreiecksbeziehung: Journalisten, Interviewpartner und Rezipienten

Medienarbeit verbindet grundsätzlich drei Gruppen von Menschen:

- zum Ersten die Produzierenden: Medienmacherinnen und Medienmacher sowie Journalistinnen und Journalisten;
- zum Zweiten die Mitwirkenden: die Interviewpartnerinnen und Interviewpartner, also Sie;
- und zum Dritten die Konsumenten: Seherinnen und Seher, Hörerinnen und Hörer sowie Leserinnen und Leser.

Erst die Kenntnis jeder Gruppe und die umfassende Orientierung im bestehenden Beziehungsgeflecht ermöglicht Ihnen eine professionelle Vorbereitung auf ein anstehendes Interview. Ebenso wie die Hintergründe der Journalistinnen und Journalisten müssen Sie die Motive der Menschen kennen, die Medien konsumieren, um sie für sich nutzbar machen zu können.

Die Dreiecksbeziehung

Journalistinnen und Journalisten sind Menschen wie du und ich. Sie sorgen für ihre Kinder, lieben freie Autobahnen und essen oft zu fett. Auch sie haben einen verflixt anstrengenden Beruf. Täglich suchen sie nach der besten Geschichte. Von dieser leben sie.

In Redaktionssitzungen auf der ganzen Welt basiert die Tatsache, ob ein Journalist an einem bestimmten Tag Geld verdient, Ruhm erntet und Ansehen genießt, ausschließlich auf diesem Kriterium. Die Geschichte des Journalisten „läuft" oder sie „läuft nicht", das heißt: Leserinnen, Radiohörer oder Fernseher finden sie interessant und konsumieren sie, oder sie schalten ab und blättern weiter.
Am 6. Juli 2006 hingen 29,66 Millionen oder 91,2 Prozent der deutschen Fernsehhaushalte an den Fernsehgeräten, als die deutsche gegen die italienische Fußballmannschaft zum WM-Halbfinale antrat. Zwei Monate später, am 6. September 2006, verfolgten 2,55 Millionen oder 73,4 Prozent der österreichischen Fernsehhaushalte das Interview von Christoph Feurstein mit Natascha Kampusch. Diese Sendungen erzielten für die jeweiligen Fernsehanstalten Spitzenquoten, denn die Geschichte vom „Sommermärchen einer Fußballmannschaft, die wider Erwarten erfrischende Leistungen bot und damit eine ganze Nation zum Träumen brachte" und die Horrorgeschichte vom „Mädchen aus der Nachbarschaft, das nach jahrelanger Gefangenschaft in ihrem Verlies wie durch ein Wunder freikommen konnte" waren wie geschaffen dafür, Fantasie und Interesse der Medienkonsumenten anzuregen.
Solche Geschichten sind „Selbstläufer" und fallen dem Journalisten nicht jeden Tag in den Schoß. Das tägliche Brot der Redakteure ist die harte Arbeit, selbst spröde Themen so darzustellen, dass sie das Interesse ihres Publikums wecken. Kein Wunder also, dass die am häufigsten gestellte Frage von Journalisten, wenn ihnen ein Thema angeboten wird, lautet:
„Was ist die Geschichte?"

Beispiel

Frau Dipl.-Ing. Scheny möchte ins Fernsehen oder ins Radio oder in die Zeitung. Ganz egal. Hauptsache: Aufmerksamkeit, Ehre, Ruhm und Geld stellen sich ein. Sie hat einen Wasserleitungsfilter für Altbauwohnungen mit Bleirohrauslegung erfunden und ist mächtig stolz darauf. In manchen Nächten träumt sie von Fans, die ihr Ingenieursbüro stürmen, sieht sich gefeiert und in mancher gewagten Vision zur Ehrenbürgerin der Stadt ernannt.
Sie sendet Mails an Redaktionen, schickt Presseaussendungen an Nachrichtenmagazine ihrer Wahl, lässt Agenturen in Sachen Wasserleitungsfilter telefonieren – und wundert sich, dass kein Journalist, ja, überhaupt kein Mensch etwas von ihrer Erfindung hören will.

Frau Scheny hat eine wichtige Frage vernachlässigt: „Was ist die Geschichte an dieser Geschichte?"
Was soll an Frau Schenys Erfindung so aufregend sein, dass ausgerechnet diese Message das Rennen macht, wo da draußen bis zu 400.000 Botschaften auf Plakatwänden, Infoscreens und Hochglanzseiten auf ihre Chance warten, wahrgenommen zu werden? Wen interessiert schon ein Wasserleitungsfilter für Altbauwohnungen?
Ganz einfach! Frau Schenys Erfindung interessiert Altbauwohnungsbesitzende – wenn sie durch diese Geschichte erfahren werden, dass dieser unscheinbare Filter ihr wertvolles Leben retten oder zumindest verlängern wird.
Würde Frau Dipl.-Ing. Scheny ahnen, dass sie in ein pikant-mediales Dreiecksverhältnis verstrickt ist, würde es ihr wie Schuppen von den Augen fallen. Und natürlich würde sie prompt bemerken, dass sich die Welt der Medien niemals ausschließlich um die Sache dreht, also um Dinge, die erfunden werden; niemals um Teams, die tolle Sachen machen, niemals um Erkenntnisse, die zeigen, wie gescheit jemand ist. Sie würde ein für allemal den Blick auf das Wesentliche richten, auf *die Dritten im Bunde,* die Sehenden, Hörenden und Lesenden, kurz: *die Kunden und Kundinnen.*
Sie würde den Journalisten den Umstand näher bringen, dass deren Leser, Hörerinnen oder Seher in Lebensgefahr schweben. Dass allein in der Stadt Wien circa 60.000 Menschen Wasser trinken, das mit einer 150-fachen Überdosis Blei verseucht ist. Dass die Kinder, die in diesen Wohnungen leben, in der Schule versagen, weil sie nicht mehr imstande sind, sich zu konzentrieren. Dass Männer impotent werden und eine Glatze bekommen, Frauen jedes Interesse an Sex verlieren und sich die Haut der Menschen grau färbt und in Falten legt, was immer sie auch an Mitteln und Geld investieren, um das zu verhindern.
In dieser schrecklichen und aussichtslosen Situation naht Rettung: „Frau Scheny und ihr Altbauwasserleitungsfilter"!

Der Journalist, die Interviewpartnerin und die Kunden sind durch ein unsichtbares Band verbunden. Durch die Geschichte, die mit der Erfindung verknüpft ist, bekommt jeder von ihnen, was er oder sie braucht.

Das Gestaltungsrad

Die Mittel der Journalisten, eine Geschichte zu erzählen, sind übersichtlich. Das Gestaltungsrad macht unumstößlich klar, dass *Sie selbst* ein fixer Bestandteil der Medienberichterstattung sind. Auf *Sie* wird man niemals verzichten können. *Sie* sind der mediale Leckerbissen.

Das Gestaltungsrad

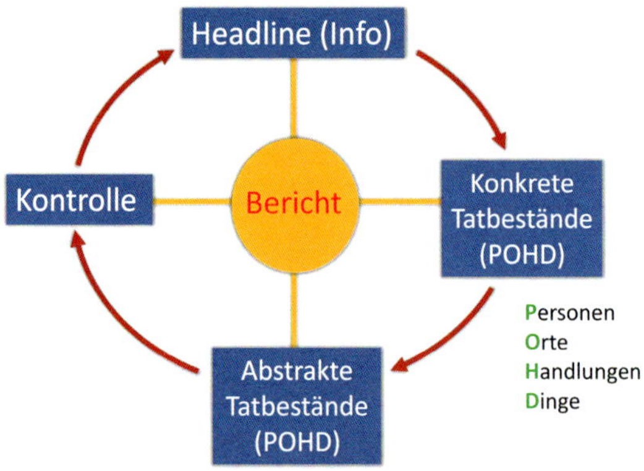

Zerlegen Sie doch einmal mit mir gemeinsam einen TV-Beitrag in seine Bestandteile: Was kommt vor? Was hören Sie? Was sehen Sie?

Der klassische Beitrag hat nicht mehr zu bieten als Personen, Orte, Dinge und Handlungen. Diese vier Zutaten nennt man „die konkreten Tatbestände" eines Berichts. Mal kommen ein bisschen mehr Dinge als Personen vor. Mal sind die Handlungen, die gezeigt werden, actionreich, mal sind sie nicht so aufregend. *Bestandteil* sind sie immer. Zumeist sind die Zutaten zu einer bekömmlichen Einheit vermengt, vermischt und durchgerührt. Das heißt: Die Personen werden an repräsentativen Orten im Rahmen der jeweiligen Handlungen mit aussagekräftigen Dingen gezeigt.

Beispiel

Frau Scheny ist die Erfinderin des lebensrettenden Altbauwohnungwasserleitungsfilters. Der Filmbericht zeigt die Frau Diplomingenieurin, wie sie sich am Wasserhahn von Gerhard Jammervoll zu schaffen macht und eindrucksvoll

demonstriert, wie einfach die Montage ist. Herr Jammervoll wirkt zerknirscht und hat Falten wie ein Nashorn.
Zu den Bildern gibt es jede Menge Geräusche, verursacht durch krankheitserregendes Fließwasser, Zangen auf Metall, Schrauben, Drehen und Reinstöpseln des Filters.
Im Interview erklärt die Erfinderin das simpel-geniale Ding, sodass jeder Mensch verstehen kann, wie es funktioniert.
Danach überprüft und bestätigt ein Wasserexperte der Stadt die veränderte Wasserqualität.
Am Ende zeigt uns der Bericht, wie gut es Herrn Jammervoll nun geht und wie viel Spaß es ihm nun macht, seinem Sohn bei der Mathehausübung zu helfen. Und Junior Jammervoll selbst schaut ganz pfiffig aus der Wäsche.

Wie die Personen, Orte, Handlungen und Dinge *wirken*, ist Sache der Gestaltung des Berichts. Da spielen die Kameraführung, das Licht, schlicht: die Inszenierung die maßgebliche Rolle.
Was im TV-Bereich das Bild und der Ton gemeinsam leisten, ist im Radio auf die auditiven Mittel beschränkt. Umso mehr wird die Art, *wie* etwas gesagt wird, vordergründig und bestimmend für die Bewertung. Also wird in einem Radiobeitrag besonderer Wert auf die Art und Weise gelegt werden, wie Frau Scheny im Interview *klingt*. Zum Beispiel: engagiert, überzeugt und vertrauensvoll oder verbissen, verkrampft und unverbindlich.
Selbst die Anmutung der Geräusche kann entscheiden, ob ich mich als Kunde für oder gegen den Einbau des Filters entscheide. Ob der Wasserhahn sprudelt wie eine frische Quelle oder aber röhrt wie ein Hirsch, bestimmt die *Wirkung* der konkreten Tatbestände.
Man nennt die gewünschte Wirkung eines konkreten Tatbestandes den „abstrakten Tatbestand".
In unserem Beispiel ist die Interviewpartnerin Scheny der konkrete Tatbestand. Die - aufgrund ihrer gekonnten Montage und nachvollziehbaren Aussagen - sachverständige Frau Scheny ist der abstrakte Tatbestand.

Journalistinnen sind ständig auf der Suche nach der besten Geschichte für ihre Kunden, die Rezipienten. Ihre Artikel, Bildberichte und Radiobeiträge handeln von Menschen, Orten, Dingen

und Leistungen, die relevant und aufregend genug sind, um die nötige Aufmerksamkeit der Kunden zu erregen, und es diesen wert sind, sie weiterzuerzählen.

Wie Sie selbst Ihre Wirkung im elektronischen Medium bestimmen können, wird ausführlich im Kapitel „Das Image“ behandelt.

Das Interview

Ohne Sie geht gar nichts

Sie sind Lieferant oder Lieferantin der Geschichte, von der jedes Medium lebt. Der Journalist ist nicht mehr und nicht weniger als der Botschafter und Vermittler Ihrer Nachricht. Die Leserinnen, Hörerinnen und Seher sind das Zentrum des Interesses – der Mittelpunkt der Medienwelt.

**Ein Interview ist kein Zwiegespräch.
Es ist ein Gespräch mit einem Zweiten für Dritte.**

Ein Vergleich soll verdeutlichen, wie es in einem professionell geführten Interview eigentlich läuft. Zur Vorgeschichte: Ich bin glücklich verheiratet. Doch noch vor wenigen Jahrzehnten war ich auf die Aufmerksamkeit von Damen angewiesen, die ich gar nicht kannte. Die Angst, ungeliebt und unbeachtet aus dem Leben zu scheiden, war mir eine unsägliche Vorstellung.

Stellen Sie sich mich bitte vor. Im Café um die Ecke. Ungeliebt und unbeachtet. An meinem Tisch mein ebenso unbeachteter Freund und Geschäftspartner Georg. Und weil man so ganz ohne Anerkennung und Zuwendung leicht trübsinnig wird, hadern wir inhaltlich mit dem Leben. Es erscheint trist, grau und traurig. Bis sich ganz in der Nähe und in Hörweite eine Frau niederlässt, die all jene Attribute in und an sich vereinigt, die im Mann die alles entscheidende Frage hervorrufen: „Kann ich die haben?"

Tristesse und Niedergeschlagenheit weichen Charme, Lebenslust und Erfolg. Stefan und Georg zeigen sich „der Dritten im Bunde" am Nebentisch von der besten Seite. Unser Zweiergespräch führen wir natürlich weiter – doch nur scheinbar! In völliger Gleichgültigkeit dem eigentlichen Gesprächspartner gegenüber wird Werbung für sich selbst gemacht. Ich zeige mich witzig, einfühlsam und geistreich, während Georgs Storys seinen Mut, seine Eigeninitiative und seine wilde Entschlossenheit repräsentieren. Ab und zu streift uns ein Lächeln, ein interessierter Blick wühlt in unseren Eingeweiden und postwendend werden Bilder der Leidenschaft, der Treue, des Familiensinns und der Männlichkeit gesendet.

Der Ruf „Zahlen!“ reißt uns aus den Armen der „Zielgruppe“. Die Dame geht. Ein letzter Blick von hinten. Dann Leere. Wir bleiben zurück. Ohne Publikum. Unbeachtet.

Neulich im Kaffeehaus

Das magische Dreieck

Mein Partner Georg, ich selbst und die Dame am Nebentisch stehen – übersetzt in eine TV-Situation – für Interviewer, Interviewpartner und Kundin. Natürlich steht der Nebentisch nicht im Studio. Er steht in den Haushalten, in denen der „On-Knopf" gedrückt wurde. Ihre Kunden sitzen zu Hause vor ihren Fernsehgeräten.

Das bedeutet für Sie und Ihr Verhalten in einer Interviewsituation nichts anderes als: Volle Konzentration auf den Nebentisch!

Der Journalist oder die Journalistin ist wohl Ihr scheinbarer Gesprächspartner, aber er oder sie bleibt immer bloß ein „Filter". Ihre Botschaft, jeden Satz und jede noch so kleine Geste, richten Sie in einem Interview nicht an den Interviewer, sondern an Ihr Zielpublikum zu Hause vor den Fernsehgeräten und den Radios oder die Leserinnen einer aufgeschlagenen Zeitung.

Zahlreiche rhetorische Maßnahmen von Seiten geschulter Interviewer sollen Ihnen das Gefühl vermitteln, Sie führten ein Gespräch. Da Frage – hier Antwort. Dies soll Ihnen den Eindruck vermitteln, der Journalist gäbe die Richtung vor. Das ist nicht der Fall.

Wer seine Botschaft im Medium platzieren möchte, nimmt den Umweg über den Journalisten zwar gerne in Kauf, doch nur dann, wenn dieser ihn trotz „lästiger" Fragen zu seinem Publikum führt.

Die Zielgruppe

Wenn Sie sich auf ein Interview in TV oder Radio vorbereiten, stellen Sie sich zuallererst die Frage, wem Sie Ihre Inhalte eigentlich erzählen wollen.

- Wer soll davon erfahren?
- Für wen sind Ihre Themen gedacht, für wen sind sie geeignet, wer wird sich dafür interessieren?
- Und vor allem: Wie können Sie die Gruppe der Interessenten und Interessentinnen so groß halten wie möglich?

Zielgruppen

Die Bedürfnispyramide

Nach bekannter Manier werden Zielgruppen nach ihrem Alter, ihrem Einkommen, ihrem Geschlecht und so weiter und so fort unterteilt. Die effizientere Methode versucht, Menschen bei ihren Bedürfnissen „abzuholen“. Möchten Sie eine Botschaft „mitten ins Herz der Zusehenden“ senden, erreichen Sie Ihr Ziel am besten, wenn Sie in der Lage sind, menschliche Bedürfnisse zu erkennen und zu befriedigen.

Jedes Publikum hat seine ganz speziellen Bedürfnisse. Diese werden von den Medien befriedigt oder geschürt. Das bewährte Prinzip ist das Wechselspiel von Verlockung und Aversion. Das Spiel mit den Gefühlen führt uns zu den Bedürfnissen der Zuschauenden und deren Einteilung in die Zielgruppen A, B und C.

Stellen Sie sich vor, Sie würden – gleichsam als moderner Robinson Crusoe – auf eine einsame Insel verschlagen und müssten dort Ihr Leben von Grund auf neu organisieren. Was werden Sie tun?
Der Hollywood-Film „Cast Away" mit Tom Hanks in der Hauptrolle schildert die Bedürfnisse, die in der Maslowschen Pyramide enthalten sind: Er erzählt die Geschichte eines Fed-Ex-Angestellten, der als Einziger einen Flugzeugabsturz auf einer Südseeinsel überlebt und dort vier Jahre lang um sein Leben kämpft.
Zuerst sichert er sein nacktes Überleben: Er sucht Essen und frisches Wasser, damit er bei Kräften bleibt. Da es auf der Insel wilde Tiere und Stürme gibt, muss er eine Hütte bauen und sich in Selbstverteidigung trainieren. Dies nimmt einige Zeit in Anspruch. Als alle Probleme gelöst sind, kommt Langeweile auf. Der Gestrandete beginnt Selbstgespräche zu führen und vermisst die Gesellschaft anderer Menschen. Er möchte mehr darstellen als den König seines einsamen Inselreichs, und er möchte Träume verwirklichen, die aus seinem Herzen kommen. Für die Möglichkeit, dies zu erreichen, versucht er die Flucht von der Insel, obwohl diese lebensgefährlich ist.
Der Film ist ein deutliches Bild für die Tatsache, dass es mit dem Überleben allein nicht getan ist. Abraham Maslow ging der Frage nach, was der Mensch unter allen Umständen zusätzlich noch benötigt, damit er sein Leben als befriedigend wahrnimmt. Diese Bedürfnisse hat er in Form einer Pyramide aufgezeichnet.

Die Bedürfnispyramide

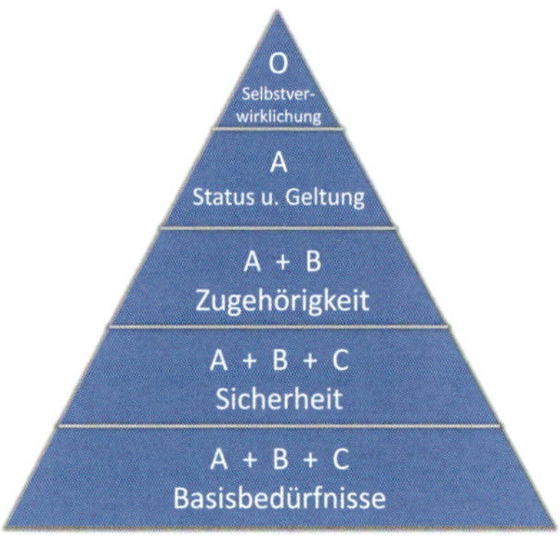

Die Bedürfnispyramide nach Maslow ist kein neues Instrument, wird aber mit gutem Recht nach wie vor verwendet, um sicherzugehen, dass Geschichte, Produkt oder Argumentationsweise beim Publikum auch ankommen.

Basisbedürfnisse: Zielgruppen A + B + C
Jeder Mensch hat das Bedürfnis, am Leben zu bleiben. Dazu müssen Sie essen, trinken, brauchen Schlaf und - wenn Sie an das Überleben unserer Gattung denken - Fortpflanzungsmöglichkeiten. Das sind die Basisbedürfnisse eines jeden von uns. Ist ihre Befriedigung gefährdet oder *scheint* sie uns nicht gesichert, geraten wir in Bewegung - so heftig wie auf keiner anderen Bedürfnisebene!

Basisbedürfnisse

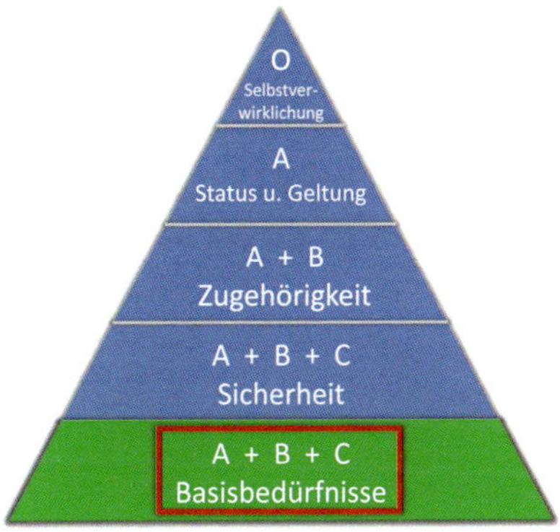

Ist es also Ihr Ziel, Menschen durch eine mediale Botschaft in Bewegung zu versetzen, besteht die effektivste Strategie darin, auch solche Botschaften, die auf den ersten Blick gar nichts mit diesen Basisbedürfnissen zu tun haben, mit diesen kompatibel zu machen.

Beispiel

„Eine Expertenkommission der EU kommt im Agrarbereich zu dem Entschluss, den Milch-Butter-Steuer-Abkommens-Übersteuerdingstibumstibetrag von siebendreivierteleinsneunzig Prozent auf vierkommasechsneundreieins Prozent zu verringern“, so eine Vertreterin des Gremiums euphorisch.

Als Basisbedürfnismensch werde ich die Begeisterung des Gremiummitglieds nur schwer teilen können. Ihre Botschaft wird mir gleichgültig sein, einfach, weil sie mit mir und meinem Leben scheinbar nichts zu tun hat. Wenn die Politikerin dagegen zeigen möchte, dass sie vom Leben etwas versteht und sich um die Menschen, die sie in ihrem Gremium vertritt, tatsächlich kümmert, macht sie das sympathisch und gleichzeitig kompetent. Sie muss ihre Botschaft dafür aber in das alltägliche Leben *übersetzen*, um ihren Bedeutungsbezug zu zeigen.

Beispiel

„Diese Beschlüsse bedeuten, dass Milchprodukte, speziell Käse und Joghurt, ab morgen billiger sein werden." Für den Zuhörer ist die Expertenbotschaft plötzlich von großem Interesse, schließlich betrifft sie jetzt die Basisbedürfnisse Essen und Trinken.

Eine solche Nachricht hat über die entstandene Bewegung hinaus den Begleiteffekt, dass sie gerne weitererzählt wird. Die Basisbedürfnisse sind ja allen Menschen gemeinsam. Instinktiv spürt das der „Informationsträger" und weiß, dass er mit seiner Neuigkeit garantiert auf Interesse stoßen wird. So wird der Zuhörer oder die Zuseherin zum Multiplikator, zur Multiplikatorin der Botschaft.
Wie groß das Interesse an bestimmten Botschaften ist, hat natürlich damit zu tun, inwieweit der Zuhörer seine Basisbedürfnisse bis jetzt befriedigen konnte. In einem Haushalt mit geringem Einkommen wird die Verbilligung von Milchprodukten mehr Bewegung auslösen als in einer Familie mit zwei Akademikergehältern. Grundsätzlich ist in diesem Punkt jedoch bei jedem Menschen Interesse vorhanden.

Die Botschaft interessiert, wenn sie mit dem persönlichen Überleben zu tun hat.

Sicherheit: Zielgruppen A + B + C

Die zweite Ebene ist die der Sicherheit und Geborgenheit. Auf dieser finden wir beispielsweise den Notgroschen am Sparbuch oder den Wunsch nach einem sicheren Arbeitsplatz und einem funktionierenden Eheleben.

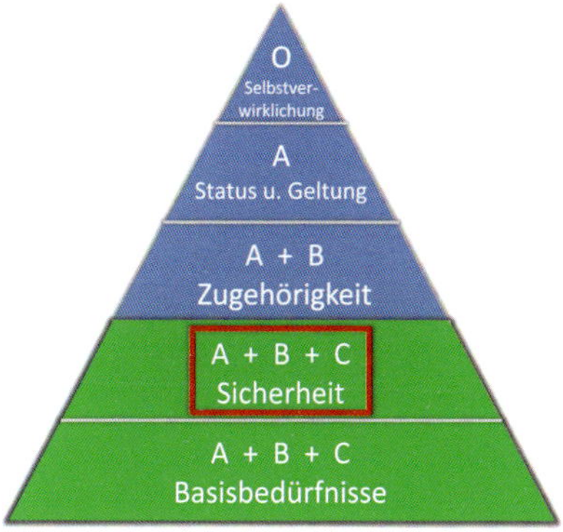

Politische Themen, die auf dieser Bedürfnisebene Bewegung erzeugen, sind etwa die Pensionsreform, der Jugendschutz, das Schulwesen und die Kriminalität.

Bedürfnisfelder können „bewegt" werden. So ist es zum Beispiel möglich, bestimmten Menschengruppen ihr Gefühl von Sicherheit zu nehmen.

Das geschieht, wenn Sie zum Beispiel schlicht behaupten: „Je mehr Rumänen zu uns kommen, desto mehr Diebstähle und Einbrüche wird es geben." Mit der Abnahme des subjektiven Sicherheitsgefühls wird das Bedürfnis nach Schutz und Geborgenheit steigen. Haben Sie Ihr Publikum auf diese Weise beunruhigt, haben Sie es bewegt und können es weiter bewegen, indem Sie eine „Lösung" für das „Problem" anbieten. Für unser ekelhaftes Beispiel könnte dies nun ein Angebot von Sicherheitssystemen für Häuser oder für privates Wachpersonal sein. Als Hardlinerin in der Politik oder als Interessenvertreter konservativer Organisationen haben Sie sich durch die erzeugte Aversion den Weg bereitet, härtere Strafen durchzusetzen.
Das Gleiche geschieht auch unter dem Zeichen der Verführung, der auf den ersten Blick etwas charmanteren Art, Ihr Publikum zu bewegen. Die Headline lautet: „Kampfkünste von Bodyguards zu vernünftigen Preisen!" Die Botschaft dahinter ruft: „Ich rette Sie!" – an der Theke vor

streitlustigen Gästen, in dunklen Gassen vor finsteren Gestalten. Ich bin da und mache Ihr Leben sowie das Ihrer Kinder und Ihrer Haustiere sicher. Na? Lust? Nie wieder Ärger mit präpotenten, anmaßenden, vorlauten, herumlungernden, brutalen Typen. Ein böser Blick Ihres hünenhaften Begleiters genügt und es herrscht Friede auf all Ihren Wegen. Das hat doch was!

Zugehörigkeit: Zielgruppen A + B

Eine Ebene darüber finden wir die Sehnsucht nach sozialen Kontakten. Es genügt uns nicht, in Sicherheit und Geborgenheit zu leben und die eigenen Wünsche, Sorgen und Nöte ausschließlich mit den Menschen unter unserem Dach zu teilen. Wir wünschen uns darüber hinaus noch Freunde, wollen unsere Standpunkte und Meinungen hinaustragen und Menschen um uns haben, mit denen wir Anliegen teilen.

Zugehörigkeit

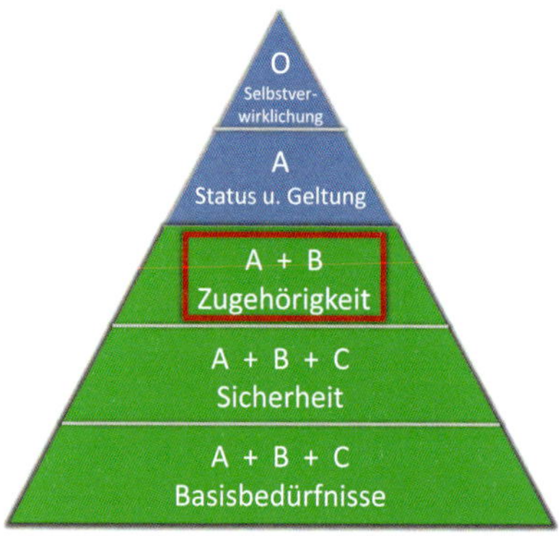

Das Engagement für Greenpeace ist da genauso wichtig und richtig wie die Mitgliedschaft bei einem Autofahrerclub, der bei einer weiteren Erhöhung des Benzinpreises auf die Barrikaden steigt. Einer sozialen Gruppe anzugehören, in einem Verein oder Klub vertreten zu sein, gibt jedem Menschen ein gutes Lebensgefühl.

Geeignete Botschaften, in denen es um soziale Zugehörigkeit geht, sind in vielen Fällen eine Sache der Psychohygiene. Da sie darauf abzielen, dem gewünschten Publikum - also letztendlich einzelnen Menschen - eine

Heimat zu geben, fühlen sich die Verkünder solcher Botschaften häufig veranlasst, einen Aggressor anzubieten, der diese Heimat anfeindet.
Betrachten wir dazu die seit einiger Zeit in der Europäischen Union geführte Diskussion zur Problematik der Lohnnebenkosten. Dass die Besteuerung der Löhne in naher oder fernerer Zukunft verringert werden muss, ist sogar in Zeiten der Wirtschaftskrise unbestritten. Interessant ist, zu überlegen, *wer* dieses Argument für welche Zielgruppe und welchen Zweck wie stützen könnte.
Wenn Sie zum Beispiel Interessenvertreterin einer Arbeitgeberorganisation sind, werden Sie darauf hinweisen, dass die Senkung der Lohnnebenkosten vor allem für die Konkurrenzfähigkeit eines Unternehmens wichtig ist, vor allem dann, wenn die Sendung, in der Sie auftreten, ein sogenanntes „etabliertes Publikum" anspricht.
Wenn Sie aber als Journalist für eine Zeitschrift mit Lesern und Leserinnen schreiben, die sich der Arbeitnehmerseite zugehörig fühlen, müssten Sie argumentieren, dass geringere Lohnnebenkosten vor allem zur Sicherheit der Arbeitsplätze beitragen.
Wenn Sie eine Wirtschaftswissenschaftlerin wären, würden Sie dieses Argument im Sinne der Volkswirtschaft des Landes vorbringen.
Wenn Sie ein Politiker wären, könnten Sie eine Senkung der Lohnnebenkosten zur Verbesserung des Wirtschaftsstandortes fordern.
Angehörige unterschiedlicher Interessengruppen verwenden ein und dasselbe Argument mit ganz unterschiedlichen Zielrichtungen, aber immer mit der Absicht, die Bedürfnisse der sozialen Gruppe anzusprechen, deren Interesse sie vertreten.
Es ist ein zwingendes Gesetz der Verteilung, dass *niemals alle Menschen* durch einen Gedanken, ein Statement oder eine politische Handlung Vorteile erfahren. Die Vorteile der einen Zielgruppe bedeuten *immer* Schaden für eine andere. Was die Freude der Konsumentin über billige Milchprodukte ist, bedeutet möglicherweise den Ruin für den Milchbauern.

Sie selbst sollten sich vor einem medialen Auftritt darüber im Klaren sein, welche Zielgruppe durch Ihren Standpunkt Vorteile erfährt und wer dadurch Nachteile hinnehmen muss.

Medienmacherinnen und Medienmachern sind Spannungen zwischen sozialen Gruppen recht, weil sie mediale Spannung erzeugen. Journalisten erreichen diese durch Gegenüberstellung verschiedener Meinungen zu einem Thema oder durch Meinungsumfragen, die Zuspruch auf der einen Seite und Ablehnung auf der anderen ergeben.

Status und Geltung: Zielgruppe A

Auf der nächsten Ebene - Status und Geltung - erreichen Sie ausschließlich Gruppe A. Hier geht es einerseits um Materielles: schöne, große Häuser, Gärten und Autos - weil diese Gruppe sich diese Dinge leisten kann. Geltung hört aber nicht bei Geld oder schönen Dingen auf, sondern betrifft auch den Wunsch, intellektuell gefordert zu werden, sich zu entwickeln, sich mit Themen zu beschäftigen und an diesen zu wachsen.

Status und Geltung

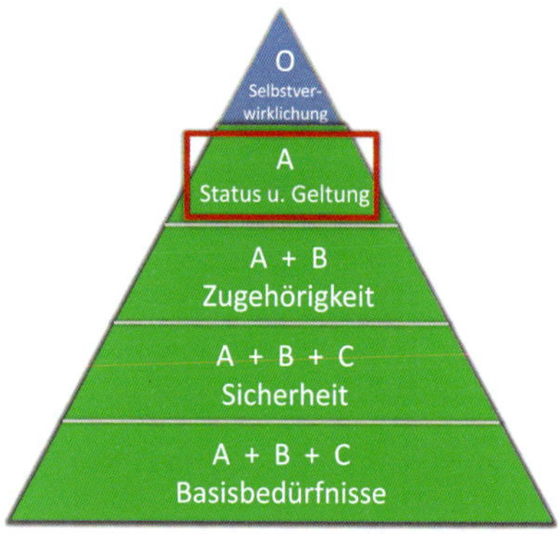

Bei Angehörigen dieser Gruppe geraten die Medien häufig ins Kreuzfeuer der Kritik. Viele Sendungen werden als oberflächlich und einfach empfunden. Diese Sehergruppe ist die kleinste. Bei der Sehergruppe A anzusetzen - also auf der Bedürfnisebene Status und Geltung –, bedeutet für Medienmacher, Nachrichten mit Hintergrundinformationen anzubieten, mit denen sich „der Kopf" auseinandersetzen möchte. Damit ist aber nur diese sehr kleine Gruppe zu erreichen, die aus sehr selektiven Usern besteht. Für sie bieten Fernsehstationen zum Beispiel besondere wissenschaftliche Formate wie etwa „W wie Wissen" (ARD), „Newton" (ORF) oder „Scobel" (3Sat) an.

Selbstverwirklichung: keine Zielgruppe
Die oberste Ebene der Pyramide repräsentiert das Bedürfnisfeld „Selbstverwirklichung“. Oscar Wilde verstand darunter, „das eigene Wesen völlig zur Entfaltung zu bringen“. Jeder Mensch hat das Bedürfnis, seine Talente und Möglichkeiten zu erkennen und zu fördern. Hierher gehört die menschliche Eigenschaft, Träume zu haben und nach deren Verwirklichung zu streben.

Selbstverwirklichung

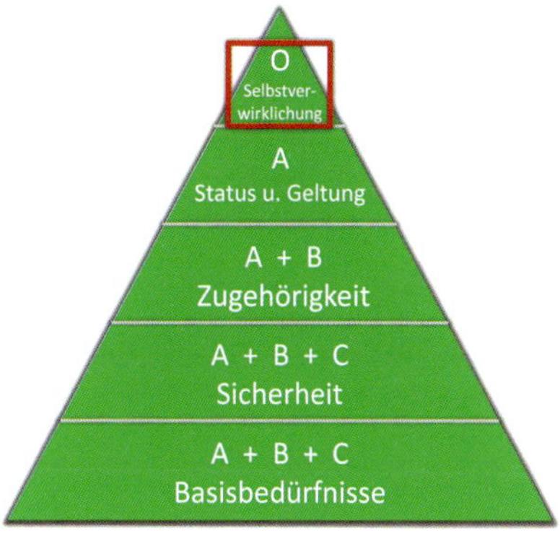

Selbstverwirklichung ist für das Leben Einzelner von großer Bedeutung, aus dem Blickwinkel der elektronischen Massenmedien aber vernachlässigbar. Denn jeder Mensch hat seinen eigenen Traum und ist damit einzigartig und unverwechselbar. In logischer Konsequenz müsste man also einen Inhalt für jeden einzelnen Menschen anders darstellen, um ihn in seinem Bedürfnis nach Selbstverwirklichung zu erreichen.
Daher ist es unmöglich, für die verschwindend kleine Menschengruppe der radikalen „Selbstverwirklicher“ medial zielgenau ein Programm anzubieten. Der Aufwand würde in keinem Verhältnis zur Treffsicherheit stehen.

Breitenwirkung

Wie stellen Sie nun sicher, dass Sie mit einer Information möglichst viele Bedürfnisse und Zielgruppen erreichen?

Die Grundprinzipien

1. **Werden im Zuge medialer Information Basisbedürfnisse bedient, die das nackte Überleben schützen, aber auch Sicherheit und Geborgenheit betreffen, finden Sie den Kontakt zu A-, B- und C-Schichten.** Damit können *alle Kunden und Kundinnen* erreicht werden. Wenn es Ihnen gelingt, ein Thema in dieser Weise aufzubereiten, ist jeder Mensch vor dem Fernsehschirm von Ihrer Botschaft betroffen. Ausnahmslos. Das gewährleistet Ihnen eine enorme Breitenwirkung.

2. **Wenn Sie die Ebene der sozialen Kontakte ansprechen, erreichen Sie die Kundenschichten A und B.** Die Gruppe C besteht aus Menschen, die befriedigt sind, wenn Überleben, Sicherheit und Geborgenheit abgedeckt sind. Wenn „zu Hause alles passt", genügt das. Darüber hinaus wird man in dieser Gruppe jedoch kein weiteres Interesse wecken können. Denn das spezielle Bedürfnis nach sozialen Kontakten fehlt. Um Missverständnissen vorzubeugen: Natürlich *hat* auch diese Menschengruppe soziale Kontakte, aber sie *definiert* sich nicht darüber. Ihr Standpunkt ist: „Was wollen die? Den Regenwald retten? Was geht mich das an? Ich bin froh, wenn die Knete stimmt und die Kinder gesund sind. Also lasst mich in Ruhe mit dem Unsinn!"

3. **Sprechen Sie die Bedürfnispyramide von unten nach oben an.** Dazu ein Preis-Beispiel. Nehmen wir an, die Preise für Milch und Käse sinken und Sie möchten, dass möglichst viele Menschen Freude daran haben und Ihnen als Verkünder der Frohbotschaft ihre Aufmerksamkeit schenken: Sie beginnen mit der Nachricht für alle Rezipienten und sagen: „Leute, morgen sind Käse und Milch billiger." Sie können sicher sein, alle zu erreichen: A, B und C. Nun können Sie aber zusätzlich speziell die Zielgruppe B – Bedürfnisse nach sozialen Kontakten – ansprechen. Sie teilen die Seher und Seherinnen in zwei Gruppen und sprechen entweder von den Preisvorteilen für die Konsumenten oder über die Bauern und Bäuerinnen, die unter dem Preisverfall leiden. Anschließend können Sie für die Gruppe A die Hintergrundinformation anbieten, wie der betreffende Beschluss EU-intern zustande gekommen ist. Hier können nun auch Zahlen, Daten und Fakten genannt werden. So haben Sie nicht nur alle erreicht, sondern auch für jede und jeden speziell etwas getan.

Die richtige Vorbereitung

Die richtige Vorbereitung ist drei Viertel des Rennens!

Das Interview ist ein „Trialog": ein Gespräch zwischen zwei Personen vor den Augen und Ohren Dritter.

Ob die Dritten – sprich: das Publikum – Sie für einen sympathischen Gesprächspartner halten oder doch eher für einen abgehobenen Egozentriker, entscheidet sich in der „Präphase" des Interviews. Ob Ihre Meinung akzeptiert und unterstützt wird oder auf Ablehnung und Unverständnis stößt, ist Sache der richtigen Vorbereitung. Dies ist aber erst der zweite entscheidende Schritt in Richtung des erfolgreichen Interviews.

Der erste Schritt ist das gekonnte Vorgespräch. Dieses ist die Quelle für Ihre Argumentation und der Ausgangspunkt für die richtige Sprache und das passende Wording. Es gibt Auskunft über die Zielgruppe und macht klar, wie viel Platz (Zeit) Sie bekommen und in welcher Gesellschaft Sie sich in einem Beitrag befinden werden. Also: ob Sie an der Seite von Freunden auftreten oder Ihre Widersacherinnen das Wort haben. Im Zuge der ersten Unterhaltung entscheidet sich zu 75 Prozent, ob Sie nach der Sendung oder nach dem Erscheinen des Artikels hoch zufrieden oder am Boden zerstört sein werden.

Beispiel

Ihr Telefon läutet. Die Stimme am anderen Ende klingt entschieden und ernst. „Guten Tag! Hier Marianne Kurier vom Deutschen Farbfernsehen. Ich hätte da ein paar Fragen bezüglich Ihrer Presseaussendung vom 24. des Vormonats. Mir ist da unklar, ob Sie nicht vielleicht vergessen haben, darauf hinzuweisen, dass die Konsumenten dadurch insofern Schaden erleiden, dass …"

Und schon sind Sie mitten im Geschehen. Ihr Puls beginnt zu rasen, das schlechte Gefühl, irgendeinen Fehler begangen zu haben, stellt sich ein. Ein hauchdünner Schweißfilm legt sich langsam, vom Becken aufsteigend, über Ihren Rücken und entlang des Nackens bis an Ihre Stirn. Gedanken schwirren hin und her: Keiner der Vorwürfe, die die Journalistin am Telefon vorgebracht hat, lässt sich eindeutig verifizieren. Und trotzdem könnte jemand dadurch ernsthaft Schaden erleiden.

Was Sie jetzt brauchen, ist Information, Klarheit und vor allem Zeit zum Nachdenken. Nützen Sie die magische Methode: „Kooperativ wirken und eigennützig sein!"
Diese klingt wie folgt. – Und es ist mir wirklich ernst, wenn ich Ihnen an dieser Stelle nahelege, die nächsten Zeilen auswendig zu lernen und im Umgang mit Journalisten und Journalistinnen einfach aufzusagen.

Beispiel (Fortsetzung)

Die letzten Worte der Journalistin Marianne Kurier waren Vorwürfe bezüglich Ihrer letzten Presseaussendung. Irgendjemand könnte dadurch Schaden erleiden. Nun gut!
Sagen Sie Folgendes oder lesen Sie es einfach laut, es tut irre gut.
„Ich gebe Ihnen sehr gerne ein Interview (kooperativ). Ich bin nur jetzt gerade in einer sehr wichtigen Sitzung (eigennützig). Ich werde Sie verlässlich in circa 40 Minuten zurückrufen!"
Wenn die Reporterin ein Profi ist, wird sie versuchen, den Druck auf Sie zu erhöhen oder auf ihren speziellen beruflichen Druck hinzuweisen. Nämlich so:
„Wir haben schon in 90 Minuten Sendung und ich muss unbedingt jetzt mit Ihnen ..."
Nun ist der richtige Zeitpunkt, sich selbst hundertprozentig treu zu bleiben und einfach zu wiederholen:
„Wie gesagt, ich gebe Ihnen gerne ein Interview und bin sehr daran interessiert, Ihre Fragen zu beantworten. Sofort nach der erwähnten Sitzung rufe ich Sie zurück!"
Wenn das journalistische Gegenüber clever ist, wird es noch einmal probieren, Sie herumzukriegen:
„Ehrlich, ... es dauert nur eine Minute, ... ganz schnell, ... wir sind gleich fertig!"
Doch bei Ihnen ist nichts zu machen. Erneuern Sie Ihr Angebot und verkürzen Sie die Wartezeit auf 30 Minuten. So lange werden Sie in jedem Fall brauchen, um gut gerüstet in das eigentliche Interview zu gehen.

Drehen Sie außerdem den Spieß um, bevor Sie den Telefonhörer auflegen. Sie sind nämlich an der Reihe, einige Unklarheiten auszuräumen und grundlegende Voraussetzungen für das Interview eine halbe Stunde später zu schaffen.

Die Checkliste

Seien Sie sich bewusst, dass es zahlreiche verschiedene journalistische Formen gibt, um ein Thema aufzubereiten: vom Radioshorty über die telefonische Live-Phone-Schaltung zum Moderatorengespräch; von der klassischen Reportage über den gebauten Beitrag zur Einladung ins TV-Studio; vom autorisierten Interview über den Kommentar zum Leitartikel.

Sie brauchen eine klare Vorstellung davon, welche dieser Formen die Journalistin wählen wird: Was soll es werden? Wie lange dauert es? Welchen Platz sollen Sie darin einnehmen?

Kommen wir also zu den zwingenden Fragen:

Checkliste

Checkliste

1. Für welche Sendung soll das Interview gemacht werden?
2. Wie lange dauert der geplante Beitrag?
3. Ist das Interview geschnitten oder live?
4. Wer kommt noch vor?
5. Was ist das Thema (Was interessiert Sie besonders)?
6. Warum ich?

1. Für welche Sendung soll das Interview gemacht werden?

Durch die Beantwortung der ersten Frage (welche Sendung, welches Blatt, welcher Sender?) wird klar, wer die Leserinnen, Hörerinnen oder Seher sind. Das ermöglicht Ihnen eine zielgruppengerechte Argumentation.

Ob Sie ein und dieselbe Sache einem jugendlichen Hip-Hopper und

MTV-Seher erklären, einem männlichen Handwerker aus ländlicher Umgebung oder ob Sie Ihr Statement an weibliche Intellektuelle aus dem Cottageviertel der Bundeshauptstadt richten, mag zwar keinen Einfluss auf den Kern Ihrer Botschaft haben, jedoch mit Sicherheit auf die Art und Weise, wie Sie den Inhalt an die entsprechenden Leute bringen.

2. Wie lange dauert der geplante Beitrag?
Ein durchschnittlicher Beitrag im elektronischen Medium dauert 1 Minute und 30 Sekunden. Ein Nachrichtenshorty oder Meldungsfilm etwa 50 Sekunden. Eine Reportage für eine politische oder wissenschaftliche Magazinsendung 5 bis 6 Minuten.

Die OT-Formel

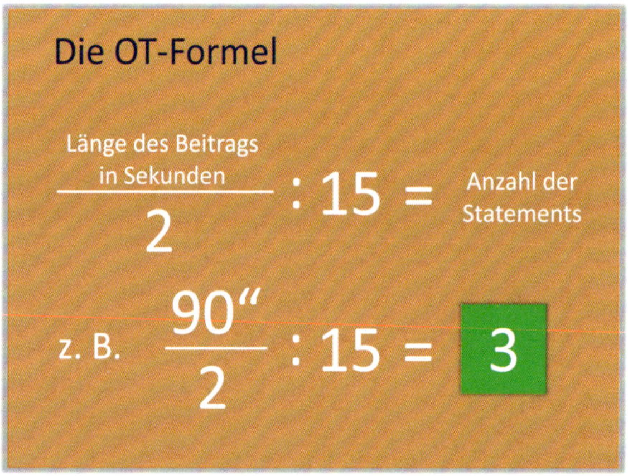

Mit der entsprechenden Intomedia-Formel können Sie fast auf die Sekunde genau herausfinden, wie viel Sendezeit Ihnen für Ihre Botschaft zur Verfügung steht. Das Ergebnis ist sehr oft ernüchternd, manchmal auch erleichternd. In jedem Fall grenzt es die Vorbereitungsarbeit herrlich ein.

Die Formel lautet: Länge des Beitrages in Sekunden dividiert durch 2. Das Ergebnis dividieren Sie durch 15 (Länge eines OTs in Sekunden).

Beispiel

Die Journalistin redet von 1 Minute 30. Das heißt, der gesamte Bericht im Radio oder Fernsehen dauert in etwa 90 Sekunden. Das dividieren Sie durch 2. Denn jeder Beitrag teilt sich 50:50 in Montageteile und „OT-Teile".

„OT" bedeutet „Originalton" und ist sozusagen der medizinische Ausdruck für ein Statement Ihrerseits. Journalisten verwenden unter Kollegen verschiedene Ausdrücke für OT, die den Unterhaltungswert der Aussage für die Zielgruppe wiedergeben sollen.

- Der OT ist, wie gesagt, der Fachbegriff für die originale Aussage des Interviewpartners. Ein OT im elektronischen Medium Radio oder TV hat in der Regel eine maximale Länge von 15 bis 20 Sekunden. Das heißt für Sie: in fast allen Fällen (außer im seltenen Falle eines Live-Interviews).
- Das „Statement" heißt in der Journalistensprache so viel wie „langweiliger, öder, nichtssagender OT". Es kann sich auch um einen „Muss-OT" handeln. Oft ist der Journalist rechtlich dazu verpflichtet, Stellungnahmen und Gegenstellungnahmen zu senden. Dadurch verirrt sich das eine oder andere Statement in die Medienlandschaft, bei dem es nicht schade gewesen wäre, hätte es die Öffentlichkeit nie erreicht.
- Der „Sager". Da passt alles zusammen. Dieser OT ist kurz, prägnant und hat auch emotional (siehe Kapitel „Die 4 Säulen der Nachricht oder: Der Mehrwert der Information") etwas zu bieten. Besser kann es ein Journalist nicht treffen. Der Sager ist das Höchste der Gefühle für einen OT-Jäger. Innerlich springt er vor Freude an die Decke, schlägt ein Rad und jubelt. Äußerlich bleibt er natürlich kühl und gelassen.
- Da wäre noch die „Wuchtel" – und die gibt es speziell in Wien. „Eine Wuchtel drucken" heißt übersetzt „eine unwiderstehliche Zote reißen". Es wird in jedem noch so weit entfernten Land eine Entsprechung dafür geben. Die „Wuchtel" ist der totale verbale Knüller, das Unfassbare. Zum Beispiel: Der Kanzler outet sich! Oder: Der Ex-Ehemann eines weiblichen Superstars und Publikumslieblings packt aus!

Zurück zur Formel: Beitragslänge in Sekunden : 2 : 15".

Wir haben bei der einfachen Teilung der Beitragslänge gehalten. In unserem Fall: 90 Sekunden dividiert durch 2. So kommen wir als maximale Zahl der OT auf: 3. Die restlichen 45 Sekunden bleiben der Journalistin

für Bild- oder Soundmontagen und textliche Erklärungen, um den Zuschauern oder Hörern die faktischen Zusammenhänge schnell, einfach und erlebnishaft zu vermitteln.
Eine zwingende Weisheit aus der Branche lautet also: Ein OT dauert niemals länger als 15 bis 20 Sekunden! Dauert er kürzer, umso besser. Also einigen wir uns in unserem Fall auf 15 Sekunden. Das bedeutet nach Adam Riese: Der Beitrag hat Platz für drei Originaltöne à 15 Sekunden.

3. Ist das Interview geschnitten oder live?

Ein geschnittenes Interview ist Teil von geschnittenen Radio- oder TV-Beiträgen. Es ist kein Gespräch. Es hat nichts mit dem zu tun, was man landläufig als „Unterhaltung" bezeichnet.
Natürlich besteht auch im geschnittenen Interview der „erste Schritt" zum fertigen Produkt aus einer Frage- und Antwortsituation: Die Journalistin stellt Fragen. Sie antworten. Im fertigen Produkt wird jedoch weder die gestellte Frage noch die gegebene Antwort in der ursprünglichen Form gesendet. Es findet eine wundersame Verwandlung statt. Die Frage wird zum Kommentartext, die Antwort zum OT. Eine Chronologie ist nicht vorhanden. Im Printinterview wird die Frage zum Lauftext und die Antwort zum Zitat.
Mehr als 90 Prozent aller Gespräche in den elektronischen Medien und 100 Prozent der Interviews im Printbereich sind nachbearbeitet, also geschnitten. Man spricht von „gebauten Beiträgen" oder von „gestalteten Berichten". Die Wahrscheinlichkeit, dass es für Sie als Interviewpartner bei einem Medienauftritt um ein geschnittenes Interview gehen wird, ist also extrem hoch. Die Besonderheiten des Live-Interviews finden Sie im Kapitel „Live-Interview, Diskussion und Talk".
Wenn das Interview zu Ende ist, wird sich die Journalistin an die Gestaltung ihres Beitrages machen. Sie wird das Gespräch abhören und auswerten. Sie wird Ihre Aussagen darauf untersuchen, ob sie für ihren Beitrag passend sind oder nicht. Sie wird nur jene Ausschnitte als Originaltöne verwenden, die ihre Geschichte unterstützen, kurz und bündig auf den Punkt kommen und anschaulich den Inhalt erklären. Alles andere wird ihrem Schneidewerkzeug zum Opfer fallen.

Das geschnittene Interview ist eine künstliche Situation, die ein künstliches Verhalten verlangt, um zum Erfolg zu führen.

Version 1: Sie als Interviewpartner oder -partnerin

Stellen Sie sich vor, Sie sind verabredet. Mit einem guten Freund beziehungsweise einer guten Freundin. In gemütlicher Atmosphäre nehmen Sie sich eine Stunde Zeit, um über ein vorab bestimmtes Thema zu plaudern. Nehmen wir an, Ihr gewähltes Thema lautet: „Was ist Erfolg?"

Was Sie vorab wissen, ist, dass im Anschluss daran ein 20-sekündiger Ausschnitt aus dem Gespräch auf dem Wiener Heldenplatz über Lautsprecher vor circa 750.000 Menschen verlesen wird. Natürlich unter Verlautbarung Ihres Namens.

Eines ist sicher: Während der Unterhaltung wäre Ihre Aufmerksamkeit auf Ihre eigenen Inhalte gerichtet, um nicht Gefahr zu laufen, Unsinn zu reden. Sie würden automatisch die beste Interviewregel aller Zeiten befolgen: „Erst denken und dann reden!"

(In meiner Kindheit wurde mit dieser Regel vermutlich der Grundstein meiner Begeisterung für Interviewtechnik und Interviewstrategie gelegt. Bei der Trainer-Oscar-Verleihung wäre ein „Danke, Papa!" das Mindeste, womit ich mich dafür bedanken sollte.)

Version 2: Sie als Journalist oder Journalistin

Stellen Sie sich vor, Sie müssten aus der Unterhaltung mit Ihrem Gesprächspartner 20 Sekunden im Stück verwenden, um eine Menge von 750.000 Menschen geistreich und unterhaltsam zu informieren. Andernfalls würde man Sie unter Schimpf und Schande von der Bühne jagen.

Vermutlich würde die Dramaturgie des Gesprächs für Sie völlig nebensächlich sein. Wahrscheinlich würden Sie Zusammenhänge außer Acht lassen und auch der Ablauf, also wann was gesagt wird, wäre zweitrangig.

Stellen Sie sich also jetzt zwei Menschen vor, die zusammensitzen und über das Thema „Was ist Erfolg?" reden. Der eine weiß, dass er gesendet wird, und die andere weiß, dass sie etwas zum Senden braucht: nämlich 20 Sekunden, in denen die Botschaft auf den Punkt gebracht wird.

Das richtige Verhalten im geschnittenen Interview gleicht dem Verhalten eines Schachspielers. Nach jedem Zug des Gegenübers braucht er einen Moment, um bestimmen zu können, welche Auswirkungen dieser Zug auf seine Position hat. So brauchen auch Sie als Interviewpartner nach jeder Frage des Journalisten einen Moment für Ihren persönlichen Positionsbezug.

Zwei Grundsätze für das Verhalten im geschnittenen Interview:

1. Zuerst denken, dann reden
2. Pausen machen

Wenn Sie ein wenig Ohren- und Augenmerk auf Berichte abseits der Live-Interviews legen, werden Sie feststellen, dass darin Pausen nicht vorkommen. Wäre dies der Fall, würden die Hörer und Hörerinnen einer Radiosendung einen anderen Kanal suchen oder ihr Gerät zum Service bringen. Im Fernsehen sind Pausen wider die Sehgewohnheiten und behindern den „Sendefluss".
Wie in unserem Beispiel oben, dem privaten Gespräch zum Thema „Was ist Erfolg?", dauert die Aufzeichnung des Interviews in der Regel um vieles länger als die daraus gewählten und gesendeten Interviewteile.
So investieren Sie beispielsweise 15 Minuten in das Interview mit einem Journalisten und bekommen als Rendite 15 Sekunden mediale Präsenz in der geplanten Sendung.
Denn die gesamte Sendelänge des Berichts liegt vermutlich knapp über 2 Minuten. Und nicht nur Sie sprechen zum Thema, sondern auch die unsympathische und ahnungslose Konkurrentin, der übergeordnete Experte des Instituts Soundso, die zuständige Ministerin und eine betroffene Seele, der Sie und Ihresgleichen angeblich übel mitgespielt haben.
Doch damit nicht genug! Oft ist die Enttäuschung angesichts des Auftritts der eigenen Person im elektronischen Medium gewaltig. Ihr Interviewausschnitt, sprich Ihr OT, ist der ursprünglichen Absicht fremd und fern. „So war das nicht gemeint", protestieren Sie innerlich. „Das stimmt ja nur zum Teil", schimpfen Sie unhörbar für die Seherin oder den Hörer. Und in einem Kommentartext werden Zahlen, Daten und Fakten in szenische Zusammenhänge gepresst, die an der Grenze zur Fahrlässigkeit vereinfacht sind.
Das Leben und die Darstellung des Lebens in der konstruierten Wirklichkeit der Medien entspricht im übertragenen Sinne dem Vergleich einer Landkarte mit dem Land selbst. Die symbolische Abbildung des Geländes – etwa die Farbe Grün, geteilt durch einen zackig verlaufenden Strich in Blau – kann dem saftigen Tal, durchzogen vom sprudelnden Bach am Fuße des mächtigen Gebirges, niemals gerecht werden. Und doch ist es im Sinne einer Karte eine gelungene Entsprechung.

In der Praxis heißt das: Sie haben in keinem der elektronischen Medien die Möglichkeit, die Wirklichkeit ausreichend zu beschreiben. Nutzen Sie deshalb die medialen Entsprechungen, um die gewünschten Bilder im Rezipienten zu erzeugen.

Zeichnen Sie mit Worten eine gezackte blaue Linie und lassen Sie diese im Kopf der Hörer und Seher fließen und rauschen wie einen Gebirgsbach.
Wählen Sie Ihre Worte im Sinne von „verstehen, merken und weitersagen". Lehnen Sie Ihre Nachricht an eine der „vier Säulen" (siehe Kapitel „Die 4 Säulen der Nachricht") an. Verwenden Sie leicht erlernbare Tools wie den 3-Block und den erweiterten 3-Block (siehe Kapitel „Der 3-Block).

4. Wer kommt noch vor?
Durch die Beantwortung dieser Frage werden zwei Dinge ganz klar: Wie oft darf ich reden? – Eine äußerst wertvolle Information. Denn schon viele Interviewpartner waren verärgert oder zumindest verwundert, dass man sie im Zuge des Interviews eine halbe Stunde gelöchert hatte und sie dann nur wenige Sekunden auf Sendung waren. Zweitens wird erkennbar, ob Konkurrenten und Gegnerinnen oder Mitstreiterinnen und Gutgesinnte mit Ihnen an Bord sind. Haben Sie Gegenwind oder ziehen alle an einem Strang?
Sie bringen dadurch in Erfahrung, wie der Hase laufen wird und auch ob Sie selbst im Sinne der Sendung zu den Bösen oder zu den Guten gehören werden.
In unserem Beispiel oben könnte es passieren, dass die Journalistin am Telefon meint, sie wüsste zu diesem Zeitpunkt selbst noch gar nichts darüber, wer, wann, wie lange in ihrem Beitrag vorkommen wird. In diesem Fall hätte sich ihre Eile als Schwindel herausgestellt. Jemand, der noch gar nichts weiß, kann nicht so bald auf Sendung gehen.
Nehmen wir aber den wahrscheinlicheren Fall an. Die Journalistin verrät ein wenig, wenn auch nicht alles. In unserer konkreten Situation nennt sie erstens einen Konkurrenten und merkt zweitens an, „dass es da eine Beschwerde gibt". Es gibt außer Ihnen also noch zwei andere Interviewpartner. Das heißt für uns: Achtung, Gegenwind! – und die Formel ist komplett.
1'30 : 2 : 3 = 15".

In Worten: Die für Originaltöne zur Verfügung stehende Zeit von 45 Sekunden werden Sie sich mit zwei anderen Personen teilen. Bei einer durchschnittlichen „Sager-Länge" von 15 Sekunden heißt das, dass Sie einmal zu Wort kommen werden.
Für Ihre Vorbereitung ist das eine entscheidende Information. Sie wissen nun, dass es wenig Sinn machen wird, das Firmenlexikon samt Vorsitzendenbibel und Produktportfolio aus dem Schrank zu räumen. Vielmehr haben Sie sich auf das zu konzentrieren, was gesagt werden *muss* – das *notwendige* Argument.
In der Vorbereitung stellen sich nun die Weichen für die Auswahl der Botschaften.

5. Was ist das Thema? (Was interessiert daran besonders?)
Da steckt in den Fragen beinahe die Antwort. Es ist leicht zu erkennen, dass zwischen dem Thema und dem Aspekt ein grundlegender Unterschied besteht. Das Thema ist der Überbegriff. Das Große. Das Übergeordnete im Bericht.

Beispiel

Ich bin in diesem Fall der Einfachheit halber ich und damit Experte für Medienauftritte. Herr Tefau, ein Redakteur des Stadtfernsehens, plant einen Bericht über die Bürgermeisterwahl. Das erste Telefonat mit ihm klingt wie ein Plagiat des oben ausgeführten Telefonats.
„Guten Tag, hier Theo Tefau. Ich mache einen TV-Beitrag über die anstehende Bürgermeisterwahl und würde Sie gern diesbezüglich interviewen. Ist das okay?"

Jetzt folgt die gesamte Latte der schon besprochenen Maßnahmen: von „kooperativ wirken und eigennützig sein" bis zu Punkt 5, den Unterschied von Thema und Aspekt zu erfassen. Das ist ungeheuer wichtig, denn bis jetzt habe ich ja keine Ahnung, worum es dem Journalisten im Detail geht. Das Problem ist aber: Die Formulierung „Was werden Sie mich fragen?" ist unzulässig.
Jeder Journalist, der noch einen Funken Anstand im Leibe hat, wird sich darauf niemals einlassen und Sie mit „Das weiß ich nicht, das kommt drauf an, was Sie sagen!" oder direkter mit „Keine Ahnung, lassen Sie sich überraschen!" abspeisen. Die Devise heißt: „Gemach, Jago, gemach!"

Brechen Sie also das Thema in einem solchen Fall auf seine Aspekte herunter. Die einfache Frage „Was interessiert Sie denn besonders?" vollbringt wahre Wunder und hilft bei der Vorbereitung enorm. Denn nun wird die Sache konkreter. Sie bekommen ein klar definiertes Aufgabengebiet zugeordnet.

Beispiel

Herr Tefau: „Na ja, Sie haben den amtierenden Bürgermeister Heinrich Hochzuross schon bei den letzten Wahlen trainiert und da wäre doch interessant zu wissen, ob der Bürgermeister wieder die alten Themen wie ‚Weltstadt im Kleinen' und ‚Die wahren Freunde wohnen in deiner Stadt' setzen wird oder diesmal schon erwachsener an die Sache rangeht."

Zwei Dinge geschehen hier parallel: Herr Tefau gibt zwar Auskunft darüber, was ihn speziell interessiert, und schließt somit mit mir ein mündliches Abkommen für das folgende Interview, doch gleichzeitig holt er mich ins Boot. Er packt mich bei meiner Berufsehre, indem er den Bürgermeister schlechtmacht und mich damit provoziert.
Wenn ich in dieser Situation nicht langjährige Erfahrung im Umgang mit raffinierten Journalisten hätte oder nicht auf dieses Buch zurückgreifen könnte, würde ich mich vielleicht dazu hinreißen lassen, etwas zur letzten Wahl zu sagen. Marke: „Na, na, so banal und simpel, wie Sie das darstellen, Herr Tefau, sollte man das nicht sehen. Vielmehr ging es doch im letzten Wahlkampf darum, ...!" Und schon wäre ich mitten drin und unten durch, denn die folgenden Kommentare könnten schon im Interview verwendet werden.

Aufpassen! Lassen Sie sich keinesfalls zu Aussagen hinreißen. Stellen Sie im Vorgespräch unbeirrt Ihre Fragen. Nur so kommen Sie sicher zum gewünschten Ergebnis.

Der Ton am Telefon ist entscheidend für die Atmosphäre zwischen Journalist und Interviewpartner, in diesem Fall zwischen Herrn Tefau und mir. Ich werde also versuchen, in freundlicher Tonart und interessierter Klangfarbe durch die Präphase zu kommen. Das kann nicht schaden.
Achtung! Verwechseln Sie Freundlichkeit nicht mit Unterwürfigkeit. Ich habe viel zu oft erleben müssen, dass das Verhältnis Interviewer – Inter-

viewpartner nicht gleichberechtigt wahrgenommen wird, sondern dem Interviewer zu viele Rechte und Zugeständnisse gemacht werden. Das braucht Herr Tefau nicht, wir sind beide erwachsen. Außerdem: Es ist Ihr Recht, zu erfahren, worum es geht!
In unserem Beispiel hat der Redakteur schon die letzte und ebenso hilfreiche Frage beantwortet:

6. Warum ausgerechnet ich?
Ich habe den Bürgermeister Hochzuross schon im letzten Wahlkampf begleitet. Somit bin ich als parteiischer Wahlkampfcoach zum Interview geladen.
Das ist zwar nicht die angenehmste Form eines Interviews, aber zumindest weiß ich, vor welchen Karren ich gespannt werde. Ich muss damit rechnen, dass mir alle politischen Fehlentscheidungen, zweifelhaften Aussagen und unglaubwürdigen Versprechungen an den Kopf geworfen werden. Darauf kann ich mich nun einstellen und das Beste daraus machen. Denn der beste Weg, schlagfertig zu reagieren, ist, zu wissen, was auf einen zukommt.
Übrigens: Alles, was im Vorgespräch mit dem Journalisten besprochen wird, ist als mündlicher Vertrag zu verstehen. Falls Sie später im Interview Fragen zu ganz anderen Themenbereichen gestellt bekommen, können Sie sich mit Fug und Recht auf die Abmachungen aus dem Vorgespräch berufen. Falls der Journalist nicht locker lässt, wirken Sie wieder kooperativ, indem Sie vorschlagen, jetzt über die schon vorab beschlossenen Aspekte zu reden und zu einem späteren Zeitpunkt über die neuen. Sie brauchen ja wieder Zeit, um sich vorzubereiten.

Bleiben Sie standhaft. Lassen Sie sich niemals hinreißen, über etwas zu reden, über das Sie nicht reden möchten oder zu dem Sie nicht vorbereitet sind.

Nach dem Vorgespräch, das in der Regel 3 bis 5 Minuten dauert, haben Sie vor dem eigentlichen Interview Zeit, Ihre Botschaften vorzubereiten.

Die journalistische Matrix

In der Ausbildung bekommt jede Reporterin, jeder Journalist und jede Redakteurin eine Beitragsmatrix verordnet und geimpft: Jeder Artikel, jede Story und jeder Beitrag muss den Gesetzen dieser Matrix gehorchen. Diese ist einfach, klar strukturiert und logisch.

Die Aspektierung

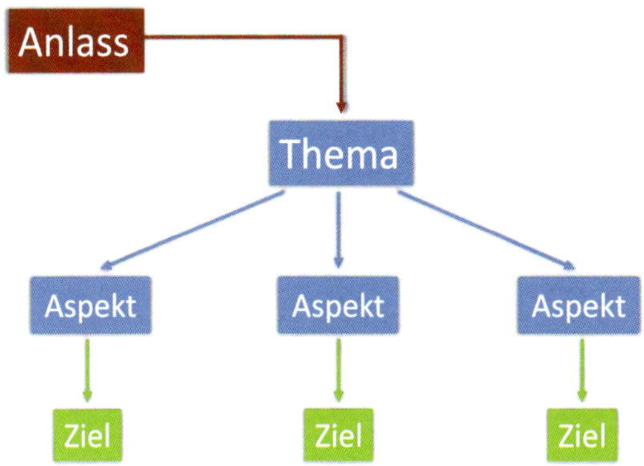

Anlass – Thema – Aspekt

Jede journalistisch gedachte Geschichte braucht einen aktuellen Anlass, auch „Henkel" genannt. Wenn Sie als Jornalistin außerdem Tierliebhaberin sind und eine Geschichte über den städtischen Zoo schreiben wollen, können Sie das nicht ohne Grund tun, sondern nur dann, wenn dort etwas passiert, das nicht nur andere Tierliebhaber interessiert, sondern möglichst alle Leser Ihrer Zeitung. Hat der Tiger eine Wärterin gerissen? Hat die Elefantendame Rama ein Junges geboren? Oder die Eisbärin einen Knut? Oder feiert wenigstens der Zoo Geburtstag?
Der aktuelle Anlass ist für die Geschichte die Eintrittskarte ins Medium. Kein Wunder, dass in den Informationsabteilungen der Rundfunkanstalten der aktuelle Dienst untergebracht ist. Drängt sich die Frage auf: Wer war zuerst? Die Matrix oder der aktuelle Dienst?

Dazu gehören jedenfalls alle tagesaktuellen Sendungen und die große Mehrzahl der Wochenmagazine, von der *Tagesschau*, den *RTL News,* den *Pro 7 Nachrichten,* der *Zeit im Bild* bis hin zum *Report*, dem *Europamagazin* und wiederkehrenden Diskussionssendungen.

Nachdem klar ist, weshalb – also aus welchem aktuellen Anlass heraus – die Story erscheint oder gesendet wird, wird das Thema als „Beitrags-Flagge“ gehisst, genauso wie im USA-Heimatfilm Siedler ihr neu erworbenes Land durch Zäune begrenzen und durch die Fahne als das ihre markieren.

Das Thema allein ist aber jedem Chefredakteur – im elektronischen Medium wird dieser „Chefin vom Dienst“ oder „Redakteur vom Dienst“ genannt – zu wenig. Er will es genauer wissen, und so muss sich auch der Redakteur etwas genauer mit dem Thema auseinandersetzen. Im übertragenen Sinn muss er sich überlegen, was er mit dem neu besetzten Land anstellen will. Also: Dort auf dem Hügel bauen wir Wein an ... oder Getreide für Whisky. Da kommt die Scheune hin und dort die Tränke.

Zu guter Letzt wird das Ziel dingfest gemacht. Es werden immer dieselben Fragen gestellt:

- Was daran interessiert unsere Zielgruppe am meisten?
- Was wissen die Menschen jetzt schon darüber und was nicht?
- Was davon ist weitererzählenswert?
- Wie geben wir ihnen das Gefühl, durch die Story etwas zu konsumieren, das sie schlauer macht, als sie vorher waren?

„Knut als weltweite Marke“ – „Knuddelknut“ – „Zusatzeinnahmen in Millionenhöhe“ – „Eisbär wird langsam erwachsen und bissig“ – „Die neue Prominenz des Eisbären-Pflegers Dörflein“: Das waren nur einige der unzähligen Aspekte, die mit dem Thema „Geburt des Eisbärenjungen Knut“ in Zusammenhang standen. Ob nun der wirtschaftliche Gewinn für den Berliner Zoo, die Tierliebe der Kinder, Fragen des Verhaltens des Eisbären oder die Tierpflege in den Vordergrund rückten – jeder Aspekt bediente ein eigenes Bedürfnis und das Interesse einer ganz bestimmten Zielgruppe. Knut war ein journalistischer Glücksfall: Ein einziges Thema konnte für eine ganze Reihe von Zielgruppen ausgeschlachtet werden.

Damit praktizieren gute Journalisten und Journalistinnen ein kurzes internes Brainstorming, das auch für Sie als Interviewpartner, also als Geschichtenlieferant, ein wertvolles Instrument darstellt, um sicher-

zugehen, zielgruppenmäßig ins Schwarze zu treffen. Kaum etwas ist frustrierender und manchmal peinlicher, als die richtige Geschichte am falschen Ort den falschen Leuten zu erzählen.
Einheimische oder gelernte Österreicher erinnern sich bestimmt an das berühmte Statement des ehemaligen Bundeskanzlers Fred Sinowatz: „Es ist alles sehr kompliziert!" Und Sie erinnern sich sicher auch an das höhnische Gelächter, das dieses Statement in der Öffentlichkeit begleitet und in Österreich zum Kult-Sager gemacht hat. Aber rein philosophisch gesprochen hatte er damit nicht Unrecht. An der richtigen Stelle und vor geeignetem Publikum angebracht, hätten bestimmt viele beigepflichtet und ihm wahrscheinlich auch noch den einen oder anderen Sympathiepunkt gegeben. Das Parlament war aber definitiv der falsche Ort für diese Aussage. Und auch der Zeitpunkt, zu dem schwierige Entscheidungen zu treffen waren, war eindeutig der falsche.

Wissen, Meinung und Erfahrung

Der Intomedia-Zielgruppen-Check

Überlegen Sie vorab, wie gut oder schlecht Ihr Publikum mit Zahlen, Daten und Fakten in Ihrer speziellen medialen Angelegenheit vertraut ist. Der Intomedia-Zielgruppen-Check dient dazu, Rezipienten dort abzuholen, wo sie stehen.

Der Zielgruppen-Check

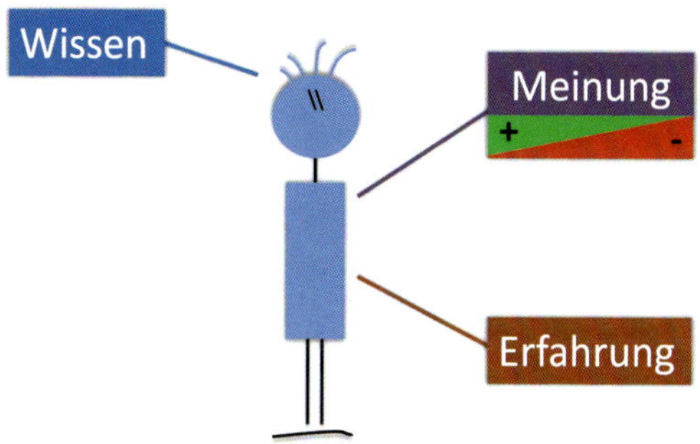

Welche Erfahrungen hat die Zielgruppe mit dem Thema bisher gemacht? Welche Meinung beherrscht das Thema? Halten die Leute es grundsätzlich für wichtig und gut oder eher für nutzlos und erbärmlich?

Im besten Fall sollte der Mensch seinen Kopf bemühen, bevor er sich eine Meinung bildet. Zahlen, Daten und Fakten sollten mit persönlichen Erfahrungen verglichen werden. Beste Fälle sind allerdings selten, und schon so mancher hat sich eine Meinung gebildet, ohne die geringste Ahnung vom Thema zu haben. Deshalb nützt es ungemein, vor allen inhaltlichen und argumentativen Überlegungen die Prädisposition des Publikums, wenn auch nur über den Daumen gepeilt, zu kennen. Dies gibt die nötige Sicherheit, die eigenen Absichten den richtigen Leuten zur rechten Zeit und am passenden Ort zu präsentieren.

Beispiel

Sie sind Interessenvertreterin der Gastronomie und periodisch der leidigen Diskussion 0,0 Promille am Steuer ausgesetzt.

Aktueller Anlass: ein schwerer Verkehrsunfall mit drei Toten, darunter ein dreijähriges Kind.
Thema: Alkohol am Steuer
Aspekt: Vor- und Nachteile der 0,0-Promille-Grenze.

Durch den Tod eines Kindes gehen die Gemüter mit Sicherheit hoch. Für emotionalen Zündstoff ist gesorgt, da der Unfall durch einen alkoholisierten Lenker verursacht wurde.

Wir nehmen an, dass Sie durch ein gut geführtes Vorgespräch mit dem Journalisten wissen, dass es sich um einen Radiobericht für den Ö3-Wecker handelt. Sendezeit 7:40 Uhr. High Peak. 1,5 Millionen Hörerinnen und Hörer. Altersschnitt um 33. Durchwegs Leute, die mitten im Leben stehen und zum Großteil in Gemeinden bis 5000 Einwohner leben. Höchste Güter dieser Gruppe sind Freiheit, Friede und Sicherheit. Die Zielgruppe lebt vielfach in Partnerschaften. Klein- und Schulkinder sind fixer Bestandteil ihrer Lebensform.
Auch wenn viele Zuhörer und Zuhörerinnen schon selbst nach Alkoholgenuss das Auto benutzt haben, um nach Hause zu kommen (Gemeinden bis 5000 Einwohner verfügen zumeist nicht über ein flächendeckendes öffentliches Verkehrsnetz), ist der Wunsch nach harter Strafe und Konsequenzen auf breiter Basis gegeben.

Zur Erinnerung: Sie sind die Interessenvertreterin der Gastronomie und haben also naturgemäß den Standpunkt der Wirte zu vertreten, die eine 0,0-Promille-Grenze fürchten wie die Pest. Ihre Aufgabe ist es, den für Ihre Interessengruppe durch den Unfall entstandenen Schaden zu begrenzen.
Die persönliche Erfahrung der Zielgruppe mit Alkohol am Steuer kann ein Weg zum Abholen des Publikums sein. Also kennen – oder besser: erahnen – wir die „Einstellung" des Publikums und können beginnen, die richtigen Argumente zur Schadensbegrenzung zu entwerfen.
Wir wissen aus dem Vorgespräch mit dem Journalisten, dass es sich um einen Beitrag in der Länge von 2 Minuten handeln wird. Ein Vertreter der 0,0-Promille-Fraktion wird außer Ihnen zu Wort kommen und der eine oder andere Vertreter der Hörerschaft (die Stimme des Volkes) wird vorkommen.

Somit wird klar: Sie haben einen einzigen Sager, sprich 15 Sekunden, um die Menschen mit Ihrer Botschaft abzuholen und sie auf Ihre Seite zu bringen.
Zahlen, Daten und Fakten haben in einem OT (Originalton) nichts verloren. Nötige Facts liefert der Moderator der Sendung oder sie sind in Textpassagen des Berichts eingearbeitet.
Sie haben natürlich die Möglichkeit, den Redakteur oder die Redaktion vorab mit Ihren besten Zahlen zu versorgen. Bei Ihrem Auftritt im Medium aber haben Zahlenspiele nichts verloren. Da das elektronische Medium den Rezipienten keine Zehntelsekunde Luft lässt, um Kopfrechnungen anzustellen, wäre das Publikum überfordert. (Und wehe dem, der Hörern und Hörerinnen das Gefühl gibt, sie kommen nicht mit.)
2 mal 4 mal 3 durch 2 minus 10% = ? Wenn Sie nur 3 (!) Sekunden für die Lösung der Rechnung brauchen, sind Sie als Hörer weg vom Beitrags-Fenster und finden den Anschluss nur noch mit dem Gefühl, etwas versäumt zu haben. Also lassen Sie Zahlen Zahlen und lieber andere die Mathelehrer sein.
Nach dieser kurzen Nachdenk- und Vorbereitungsphase könnte Ihr OT beispielsweise so klingen:

Beispiel (Fortsetzung)

OT (in Sprechsprache):
„Wir müssen unbedingt ganz rasch zu einer gemeinsamen Lösung kommen. Hier ist die Politik gefordert, die Wirtschaft, auch die Exekutive muss sich etwas einfallen lassen. Ja, und jeder Einzelne muss mittun. Wir können auf keine einzige Idee verzichten, auf den Straßen für die Sicherheit unserer Kinder zu sorgen."

Die Absicht
Der Wunsch nach Strafe und Konsequenz muss spürbar sein und Ihr Wille zum Verändern eines Zustandes, bei dem Kinder sterben, deutlich werden. Die Schuld wird verteilt, die Gastronomie hinter der Wirtschaft verschanzt und die Hörer mit eingebunden. Kinder werden ausdrücklich als höchstes Gut ausgewiesen.

Feedback
Ihre 1,5 Millionen Zuhörer und Zuhörerinnen werden nach Ihrem State-

ment nicht aufspringen und Beifall klatschen, aber die Situation war schwierig und Sie haben die Sache unter Kontrolle gebracht. Sie haben Ihren Job gemacht.
Zugegeben, die Umstände sind nicht immer einfach. Diese hängen von Ihrer Rolle und Funktion als Interviewpartner ab.

Funktionen der Interviewpartner

In den geschilderten Beispielen war immer wieder die Rede von Interessenvertretern und Expertinnen. Das sind die Rollen, in denen Sie, wie ich Sie als lesende Begleiter und Begleiterinnen einschätze, am ehesten vor die Kamera oder das Mikrofon kommen.

1. Interessenvertreter

Interessenvertreter haben die Aufgabe, Haltung und Position ihrer Gruppe zu einem Thema deutlich zu machen. Was tun gegen die Erderwärmung? Wie bekämpfen wir die Wirtschaftskrise? Wann wird in Österreich die erste Frau Bundespräsidentin?

Funktionen im Interview

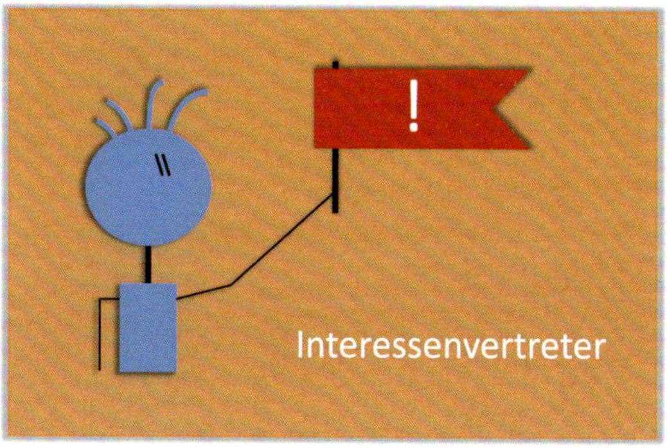

Zu solchen und ähnlichen Fragen marschieren Politikerinnen oder Vertreter der Gewerkschaften, der Kammern oder auch der Non-Governmental-Organisationen auf und beziehen Stellung: Sie zeigen ihre Position und liefern die politischen, moralischen und gesellschaftlichen Koordinaten zum Sachverhalt. Dabei vertreten sie nicht unbedingt die eigene Meinung, sondern haben jeweils die Haltung der eigenen Organisation zum Thema einzunehmen.

Immer wiederkehrende Themen, die in der medialen Berichterstattung Interessenvertreter der verschiedenen Organisationen auf den Plan rufen, sind Reformen in Sachen Steuern, Alters- oder Gesundheitsversorgung. Wirtschaftskammer, Gewerkschaft, Vertreter der Sozialversicherungsanstalten und die Sprecherinnen und Sprecher oder die Obleute der Parteien nehmen zum jeweiligen Thema unterschiedliche Positionen ein, wobei alle das Beste wollen.
Wer am Ende die meisten Stimmen gewinnt und damit den größten Profit aus der Angelegenheit zieht, entscheidet sich in der „sozialen Welt" und nicht nach objektiven Kriterien.

Zwei Kommunikationswelten

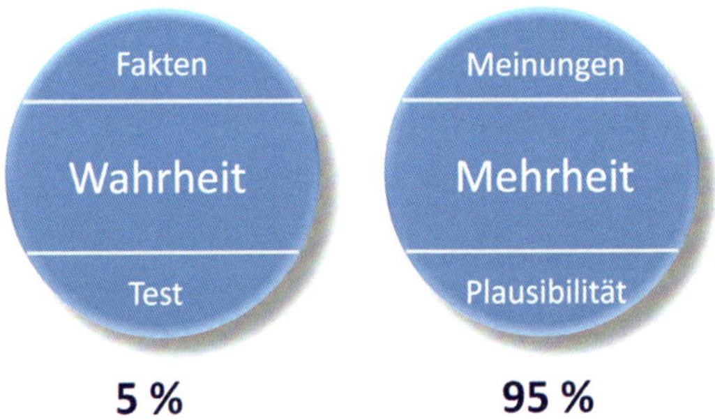

Die objektive Welt ist die Welt der Zahlen, Daten und Fakten. Die Welt der Wahrheit. In dieser Welt kann man durch einfache Rechenproben und Überprüfungen feststellen, wer in einem bestimmten Fall recht hat und wer nicht.
Wenn die eine Expertin behauptet, die Banane sei krumm, und ein anderer Experte zu dem Ergebnis kommt, die Banane sei Obst, dann haben beide, bei näherer Betrachtung und Überprüfung der Zahlen, Daten und Fakten, recht. Nach objektiven Kriterien ist es möglich, den Wahrheitsgehalt beider Aussagen zu testen.
Aber selbst die Wissenschaft, die ja per definitionenem immer auf der Suche nach der Wahrheit ist, nennt ihre Ergebnisse oft nicht „Wahrheit", sondern „Paradigma". Ein Paradigma ist eine Wahrheit, die im Augenblick von der Wissenschaft als solche anerkannt wird. Es gibt jedoch keine Garantie, dass diese Wahrheit in alle Ewigkeit Bestand haben wird.

„Die Erde dreht sich um die Sonne." Das ist die Wahrheit, würde ein Astronom sagen und wir würden ihm nach dem Stand unserer Kenntnisse ohne zu zögern zustimmen. Aber nehmen wir diese Wahrheit einmal genauer unter die Lupe.

Nehmen wir an, Sie wären ein Astronom und hätten im 15. Jahrhundert gelebt. Mit großer Wahrscheinlichkeit wären Sie ein glühender Verfechter einer ganz anderen Wahrheit gewesen, nämlich jenes Weltbildes, das lange Zeit vor Ihnen Ihr berühmter Kollege Ptolemäus ausgearbeitet hatte: „Die Erde ist der Mittelpunkt des Universums und alle weiteren Himmelskörper, also Mond, Sonne und Planeten, umkreisen die Erde in verschiedenen Sphären."

Doch dann hätte Ihnen eines Tages Ihr genialer Kollege Kopernikus vorgerechnet, dass Sie irren. In Wahrheit sei die Sonne das Zentrum des Universums und die Erde bloß einer der Planeten, die ihre Kreisbahnen um diesen Fixstern ziehen. Um Sie zu überzeugen, wäre Kopernikus vor der Herausforderung gestanden, nicht weniger als Ihr ganzes Weltbild über den Haufen zu werfen. Für Sie wäre das ein Schock gewesen, den man heute nüchtern als „Kopernikanische Wende" bezeichnet.

Nun nehmen wir weiter an, es wäre möglich, dass Sie 400 Jahre später noch einmal auf die Erde zurückkehren: Dann würde Ihnen Ihr Kollege Albert Einstein begegnen, der Ihnen kraft seiner Genialität und Relativitätstheorie nachweisen würde, dass sich Kopernikus irrte. Er würde allen Ernstes behaupten, ein absolutes Zentrum des Universums ließe sich mit naturwissenschaftlichen Methoden gar nicht ermitteln.

Und in dem Augenblick, da Sie sich von diesem neuerlichen Schock erholt hätten, würden Sie sich plötzlich an Ihren nicht minder genialen Kollegen Giordano Bruno erinnern: Der hatte schon viel früher die These aufgestellt, dass es ein unendliches Universum mit unendlich vielen Sonnen und Planeten gäbe – und war für diese Wahrheit prompt als Ketzer auf dem Scheiterhaufen gelandet, verurteilt von Menschen, die mit dieser Maßnahme für eine ganz andere Wahrheit kämpften: Die Erde ist eine von vier Säulen getragene Scheibe und der Himmel ist wie eine Glasglocke darübergestülpt.

Und nehmen wir noch weiter an, Sie würden ein Weilchen später, im Jahr 2002, im europäischen Magazin für Wissenschaft *Eurobarometer* blättern. Dabei könnten Sie über eine erstaunliche Statistik stolpern, die besagt, dass 26 Prozent (also mehr als ein Viertel) der Befragten die Aussage, die

Sonne drehe sich um die Erde, für die reine Wahrheit halten. Zu ihrem Pech leben diese Menschen nicht im 15. Jahrhundert, würden Sie da denken. Denn heute stehen sie mit dieser Meinung ganz schön dumm da.
Und wenn Sie dann noch einen Ausblick in die Zukunft wagen würden, könnten Sie mit großer Sicherheit davon ausgehen, dass irgendwann ein weiterer genialer Mensch eine weitere These über unsere Welt und das Universum aufstellen wird und sich diese These dann als Wahrheit durchsetzen wird.
Was also ist die Wahrheit?
Die Wahrheit ist - wir wissen es nicht. Und wenn es schon in der objektiven Welt der Wissenschaft nicht einfach ist - wie viel schwieriger ist es dann in der „sozialen Welt"!
Nehmen wir beispielsweise an, ein namhafter Dreihaubenkoch würde behaupten, eine gebackene Banane sei das ekelerregendste Obst aller Zeiten, während die Chefredakteurin einer international renommierten Gourmetzeitschrift die gebackene Banane zum Leckerbissen des Monats kürt. Plötzlich ist die Banane den Gesetzen des persönlichen Geschmacks, der individuellen Meinung und Präferenz ausgeliefert. Auch als Außenstehender ist es nur möglich, sich einer Meinung anzuschließen, jedoch nicht, die Wahrheit zu finden.
Ursache für private Fehden, atmosphärische Turbulenzen am Arbeitsplatz oder Missstimmungen in der Partnerschaft sind oft die fehlende Trennung und die daraus folgende Verwechslung dieser beiden Welten.

Beispiel

Ich stehe vor dem Schaufenster einer innerstädtischen Nobelboutique und bewundere den herrlichen Schlabberpulli Marke „Mich haben vor dir schon zehn Leute getragen". Mit Jubel und Begeisterung teile ich meinem geschmackssicheren Freund Georg meine Kaufabsichten mit und warte auf seine Reaktion. Die lässt nicht auf sich warten. „Du kannst diese abscheuliche Zumutung aus Wolle gerne kaufen, doch tragen mögest du das Stück des Schreckens nur in Gegenwart von Tieren und Dingen und niemals vor deinen Kunden!" Kurz: Er mag den Pulli nicht so gern. Ich meinerseits mache mich stark für das weiche, kuschelige, Wärme spendende Wäscheteil und versuche ihm klarzumachen, warum und weshalb und wieso der Pulli es wert sei, von mir mit Stolz und Würde getragen zu werden. Jedes Detail wird gelobt, die handwerkliche Arbeit in den Vordergrund gestellt. Sinnlos.

Wer von uns beiden „recht“ hatte, ob das umstrittene Oberteil nun schön, abstoßend oder nicht einmal die Zeit der Unterhaltung darüber wert ist und war, sei dahingestellt.
Wahr ist vielmehr, dass die Gegenüberstellung von subjektiven Meinungen immer dem Buhlen um das Recht-Bekommen gleichzusetzen ist. Das „Sich-und-seinen-Standpunkt-Durchsetzen“ ist das Ziel.
Der Vorgang entspricht im Grunde einem klassischen Wahlkampf. Wiewohl im Beispiel oben jeder dasselbe sieht, also die gleichen Zahlen, Daten und Fakten vorliegen, kommt es zu unterschiedlichen Interpretationen.
Auch jeder politischen Partei liegen natürlich zu jedem Thema die gleichen Zahlen vor. Jede Partei weiß natürlich, wie es um die einen steht und welche Auswirkungen etwas für die anderen haben wird, wenn diese oder jene Maßnahme gesetzt wird. Doch jede Partei sieht durch eine andere Brille, stellt andere Dinge (und Menschen) in den Vordergrund und betont unterschiedliche Vor- und Nachteile.
Dabei geht es nicht um die Wahrheit, sondern um die Mehrheit: Wer kann durch eine gekonnte Darstellung seiner persönlichen Sicht der Dinge am nachvollziehbarsten glaubhaft machen, dass er oder sie „recht“ hat?
Am Ende erscheint dieser Kampf als ein Kampf um die Wahrheit. Doch in Wahrheit ist es der Kampf um Stimmen. Die Meinung, die am plausibelsten erscheint, wird gewinnen.

Versuchen Sie niemals, mit der „Wahrheit“ zu gewinnen. Versuchen Sie, Ihre Meinung so plausibel und nachvollziehbar wie möglich darzustellen.

Und: Wie Sie in der Grafik auf Seite 52 sehen, entspricht das Verhältnis von Zahlen, Daten und Fakten gegenüber Meinungen, Ansichten und Sichtweisen etwa dem Verhältnis 5 Prozent : 95 Prozent.
Es genügen in der Regel wenige „Wahrheiten“, um im Medium lange und ausführlich darüber zu berichten. Wenn ein Infrastrukturminister vorschlägt, das Tempolimit auf österreichischen Autobahnen auf 160 Kilometer pro Stunde zu erhöhen, ist der Vorschlag selbst ein Faktum. Die mediale Diskussion darüber kann Tage, mitunter Wochen dauern.
Als einfache Messlatte zur Wahrheitserkennung kann das aristotelische

Gleichnisgesetz verwendet werden. Das ist recht einfach und bringt rasch Licht ins Dunkel. Wenn die Worte rechts und links eines Ist-Zeichens dasselbe Bild zeigen, gelten die Gesetze der Welt der Wahrheit.

Beispiele

[Eine Banane = Obst] ist objektiv richtig.
Wenn Unvergleichbares verglichen wird oder nur auf einer Seite des Ist-Zeichens ein Bild erscheint, gehört eine Aussage in die Welt der Meinungen.
Die Banane = gut.
Diese Behauptung entspricht keineswegs dem aristotelischen Gleichnisgesetz. Aber mal ehrlich: Eine Orange ist viel besser als eine Banane, oder?

2. Experten

Experten und Expertinnen haben entgegen den Interessenvertretern keinen eigenen Standpunkt. Im optimalen Fall sind der unabhängige Experte und die unbestechliche Sachverständige ein Partner für die Medien, der Klarheit in einen komplizierten Sachverhalt bringen soll.

Funktionen im Interview

Die Aufgaben für Sie als Expertin in einer Interviewsituation sind eindeutig. Sie haben in dieser Funktion:
a) den Sachverhalt zu klären,
b) Thesen aufzustellen,

c) Konsequenzen aus den Thesen aufzuzeigen,
d) sich mit Antithesen auseinanderzusetzen.
Wahrscheinlich ist Ihnen beim Lesen dieses Buches aufgefallen, dass es mir in meiner Funktion als Experte am leichtesten fällt, Sachverhalte anhand von Beispielen zu erklären. Man wird mir deshalb vorwerfen, ich sei ein Populist. Sei's drum.

Beispiel

Ein Orkan wütet an den Stränden Südostasiens. Zahlreiche Touristen kommen ums Leben. Auch Menschen aus Deutschland, Österreich und der Schweiz sind unter den Opfern. Also ist das Medieninteresse berechtigterweise groß.
Interessenvertreter aller Nationen zeigen ihr Mitgefühl mit den Hinterbliebenen und bekunden ihre Unterstützung. Darlehen werden versprochen und bestehende Schulden eingefroren, bestehende Kredite jedoch nicht gelöscht.
Sie werden ihrer Rolle gerecht und zeigen Haltung und Position.
Mehr ist von ihnen auch nicht gefordert, denn medial sind nun die Experten am Zug. Meteorologinnen erklären die Kraft des Sturms vor laufender Kamera, Einsatzleiterinnen geben Interviews zur sachgerechten Evakuierung von Einwohnern und Touristinnen. Tourismusfachleute stellen in Zeitungsartikeln Schätzungen über den Schaden für die Regionen an. Psychologinnen und Sozialarbeiter zeigen im Medium auf, was die nächsten Schritte zur menschlichen Betreuung der Opfer sein müssen. Der Sachverhalt wird klar, Thesen werden aufgestellt.

Danach kommen in den Interviews die heiklen Phasen, in denen sich Experten mit Antithesen konfrontiert sehen. Viele meiner Kunden und Kundinnen empfinden diese Phase als sehr unangenehm, da sie die kritischen Fragen der Journalisten als Angriff auf ihre Kompetenz werten.
Der Druck, den sie erleben, nimmt in der Regel ab, wenn klar wird, dass es zur journalistischen Pflicht jedes Interviewers gehört, Thesen zu hinterfragen. Es handelt sich also nicht um Ablehnung oder gar Aversion des Reportes gegenüber dem Interviewpartner, sondern um das journalistische Interesse, ob die These den Nachfragen standhält oder nicht.
So kann sich die Meteorologin Fragen wie „Ist man als Wetterfrau dazu verdammt, nachher immer schlauer zu sein, als man es vorher war?" gerne gefallen lassen. Ohne persönliche Ressentiments zu vermuten, kann sie kühlen Kopf bewahren, den Tatsachen ins Auge schauen und

eine Antwort finden, die die Dinge ins rechte Lot bringt: „Man konnte *diese* Naturkatastrophe unglücklicherweise nicht voraussagen, obwohl Millionen Fluggäste täglich Milliarden Kilometer wohlbehalten zurücklegen, nicht zuletzt aufgrund stimmiger Wettervorhersagen."
Die Konsequenzen der Thesen in Kombination mit den Sachverhalten – also in unserem Fall mit den Zu- und Umständen vor Ort der Katastrophe –, sind die vierte Ebene des Experteninterviews. „Wie geht es nun weiter?" ist die zwingende mediale Frage.
„Wenn Sie nun 250.000 Menschen zu evakuieren haben: Wer kann so viele Menschen aufnehmen?"
Ich schlage Ihnen vor, nun Pause zu machen, um sich auf Ihre Antwort vorzubereiten. Sie haben 40 Minuten Zeit, denn jetzt sind Sie gerade in einer wichtigen Sitzung!

3. Betroffene

Emotionen sind für Medien das A und O. Sie sind Sahnehäubchen und Nährboden jeder medialen Berichterstattung und das erste Mittel, um das Publikum für Botschaften aller Art zu öffnen. Tränen oder Jubel, Verzweiflung und Hoffnung, die grenzenlose Freude, das vermisste Kind wiedergefunden zu haben, durchsetzen die Berichterstattung permanent mit Appellen an Herz, Gewissen und Mitgefühl.

Funktionen im Interview

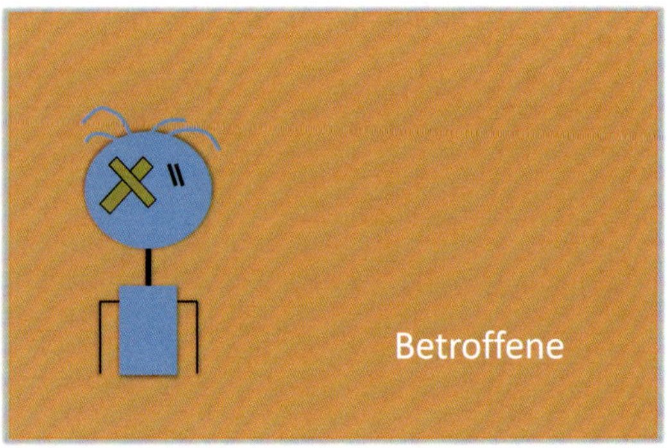

Menschen, die von Schicksalsschlägen, Katastrophen und politischen Reformen betroffen sind, transportieren diese Regungen an jeden Ort und in jedes Haus, in dem es Zeitungen, Radio oder Fernsehen gibt.
Die mediale Aufgabe Betroffener ist es, einerseits Hergänge und Abläufe zu schildern, andererseits - und das ist ebenso wichtig! - Gefühle und Eindrücke zu vermitteln.
Oft genügen wenige Sekunden äußerer Zeichen menschlicher Rührung, um die Stimmung zu Hause vor Radio- oder Fernsehgeräten zu steuern. Mit Sicherheit kennen Sie die beeindruckende Wirkung eines Menschen, der im Zuge eines Interviews versucht zu beschreiben, wie ein Unglück passiert ist, doch aufgrund der großen persönlichen Traurigkeit die Sätze nicht zu Ende sprechen kann. Sie sitzen zu Hause vor dem Fernsehgerät und erleben mit, wie jemand mit den Tränen ringt. Aber auch Freude über ein lang ersehntes Wiedersehen oder Jubel über ein Tor in der Bundesliga beeinflussen die Befindlichkeit des Publikums.
Für die Zuhörer oder Zuseher entsteht durch das Miterleben der Gefühle Betroffener eine ungeheuer intime Situation. Auf paradoxe Weise ergibt sich Intimität durch die Beziehung des „Alleinseins" mit dem Massenmedium; es verstärkt das Gefühl der Verbundenheit und spiegelt sich in der Übertragung von Gefühlen wider. Das Foto in der Presse liefert denselben Effekt.

Vom Experten zum Betroffenen

Durch rhetorische und strategische Maßnahmen versuchen Journalistinnen und Journalisten aus den eben besprochenen Gründen häufig, Interessenvertreter und Expertinnen in die Rolle der Betroffenen zu drängen. Einfache - man nennt sie im journalistischen Interview „projizierende" - Fragen rufen den gewünschten Effekt hervor.

Beispiel

Reporterin: „Herr Direktor Tschecker, während Sie von nur 140 Menschen sprechen, die Sie entlassen, um angeblich den Standort Oeynhausen zu sichern, sind das immerhin 140 Familien, die nicht wissen, wie es für sie weitergehen soll."
Journalistin weiter im Text: „Wenn Sie eine Familie mit zwei kleinen Kindern hätten und durch die Medien erfahren müssten, dass Sie keinen Job mehr haben, wie würden Sie sich fühlen, so kurz vor Weihnachten?"

Wenn Sie *jetzt* beginnen, Ihre *persönliche Betroffenheit* zu schildern, haben Sie Ihre eigentliche Rolle des Experten oder/und Interessenvertreters verloren. Falls Sie den Ball aufnehmen, treten Sie als Betroffener gegen Ihre eigenen Interessen an.

Bleiben Sie immer in Ihrer Rolle, außer: Sie wollen eine andere.

Beispiel (Fortsetzung)

Sie wechseln Ihre Rolle.
Antwort Herr Tschecker: „Also, wenn ich mir vorstelle, ich wüsste, dass ich einen gesicherten Arbeitsplatz auf Jahre hinaus habe, den ich in jedem anderen Fall verloren hätte, würde meine Freude sehr, sehr groß sein. Gerade vor Weihnachten!"

Am sichersten und praktikabelsten für Sie als Interviewpartner ist jedoch immer die Treue zur eigenen Rolle. Da sind Sie sattelfest.
Weisen Sie direkt auf Ihre Funktion hin. Stellen Sie ein imaginäres Hinweisschild auf, das keine Zweifel daran lässt, wer und was Sie sind.

Beispiel (Fortsetzung)

Sie bleiben in Ihrer Rolle.
„Für mich als Unternehmer gibt es keinen schöneren Eindruck als den von zufriedenen Mitarbeitern. Dann weiß man als Firmenleiter, dass man vieles richtig macht."
Journalistin: „Das heißt doch, dass Sie jetzt etwas falsch machen!"
Sie: „Als Unternehmer hat man sehr viel Verantwortung zu tragen und oft sehr schwere Entscheidungen zu treffen. Im Sinne der meisten Einwohner und Mitarbeiter aus Oeynhausen blieb mir keine andere Wahl, als wirtschaftlich zu denken und zu handeln."

Dieser OT dauert übrigens gesprochen circa 15 Sekunden. Probieren Sie es aus. So bekommen Sie ein Gefühl für die geeignete Länge Ihrer Aussagen. Im Kapitel „Der 3-Block" gibt es Anleitungen zum Aufbau Ihrer Sager. Blättern Sie ruhig dorthin. Kommen Sie aber bitte im Anschluss wieder hierher zurück.

4. Prominente

Was wäre unsere Medienberichterstattung ohne Prominenz?
Entgegen den Anforderungen an Expertinnen und Experten, sachverständig und kompetent zu sein, brauchen der Herr von und zu Adabei und die prominente Seitenblicke-Dame keinen Gedanken an Sachverstand zu verschwenden.

Funktionen im Interview

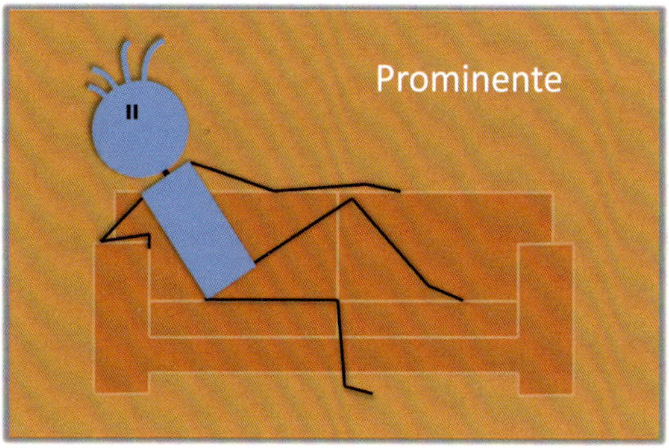

Die Aufgabe berühmter beziehungsweise bekannter Menschen im Medium ist gesellschaftlicher Natur und dient der Unterhaltung und der Psychohygiene. Das Interesse der Zuschauer, Hörer und Leserinnen reicht von der Lebensart über die Denkweise bis hin zu den vollbrachten Leistungen, die der Bekanntheit zugrunde liegen.

Beispiel

In der Sendung „Die oberen Zehntausend" wird das Schauspielerehepaar Henriette Schwanfeder-Fürst und Heinrich alias „Heinzi" Fürst vors Mikro gebeten. Vor Ort findet gerade die weltgrößte Automobilmesse statt. Während Interessenvertreter der Automobilindustrie und Kraftfahrzeugexperten die Sache Auto näherbringen und das Publikum auf mehr oder weniger unterhaltsame Weise „gescheiter machen" sollen, werden Prominente lediglich um ihre Meinung gefragt. So dürfen Fürst und Fürstin von Maserati schwärmen, über Rolls-Royce lästern, eine Vorliebe für Italiener erkennen lassen und die Franzosen erniedrigen. Kein Problem, im Gegenteil.

Die Rezipienten sollen die vermeintliche Lebensart der Prominenten erkennen können. Deren Bevorzugung von Maserati oder Cadillac lässt uns einen Blick auf den unermesslichen Reichtum oder die vermeintliche wirtschaftliche Vernunft machen. Das Publikum bekommt einen Einblick in die Gewohnheiten und den Lebensstil der „oberen Zehntausend" und kann sich daran messen.

Dieser Vorgang des Vergleichs und die Entdeckung von unvermuteten Ähnlichkeiten und gravierenden Unterschieden zur eigenen Lebensführung wird „Psychohygiene" genannt. Darin liegen der Zauber und die Faszination dieser Welt des medialen Glamours. „Ist die im Grund so wie ich oder ist sie ganz anders? Was hat der, was ich nicht habe?"
In Promi-Interviews werden diese Geheimnisse gelüftet. In Porträts wird selbstredend auch auf die bevorstehenden oder längst vergangenen Leistungen eingegangen. In aller Regel sind Prominente ja nicht von Natur aus prominent. So hat sich Frau Fürst vielleicht einen Namen als Balletttänzerin ersten Ranges gemacht, während „Heinzi" in den besten Häusern an der Seite der „Crème de la Crème" der deutschsprachigen Bühnendarsteller Charakterrollen besetzte.

Bilanz der Rollen im Interview

Es ist anzunehmen, dass Sie Ihre medialen Auftritte in den Funktion der Interessenvertreterin und des Experten haben. Machen Sie sich Ihre Rolle bewusst und bleiben Sie dieser treu!
Recht häufig kommt es in Interviews zu Doppelrollen. Das bedeutet, Sie sind sowohl in der Funktion des Interessenvertreters als auch der Expertin. Als Vorsitzende der Nationalbank beispielsweise haben Sie sowohl die Haltung und Position zum harten Euro deutlich zu machen, als auch die Konsequenzen aufzuzeigen und den Sachverhalt zu klären.
Viel Spaß!

Das Intomedia-Botschaften-Ranking

Aus jahrelanger Erfahrung auf beiden Seiten des medialen Sportplatzes weiß ich, dass Sie für einen medialen Auftritt niemals mehr als drei Messages brauchen. Aller guten Dinge sind also wieder einmal drei - und nicht durch Zufall. Da steckt System dahinter.

Egal, welchen Beitrag im Rahmen der Information - also abseits der Spätnacht-Erotik-Thriller und Reality Soaps - Sie in einem elektronischen Medium ansehen oder anhören: Niemals wird derselbe Interviewpartner öfter vorkommen als drei Mal. Außer - und das ist die einzige Ausnahme - in einem mehrminütigen Porträt oder einer Dokumentation in Spielfilmlänge. Beides sind aber sehr außergewöhnliche Formate.

Bleiben wir realistisch. Bleiben wir bei maximal drei OTs/Statements/Sagern/Wuchteln.

Um eine sinnvolle Entscheidung zu ermöglichen, welche Botschaften gesagt werden sollen und welche zu Hause in der Schublade bleiben, gibt es das zielführende Intomedia-Botschaften-Ranking:

- Platz 1 für „das Notwendige“, die Botschaft, die gesagt werden *muss.*
- Platz 2 für „das Wesentliche“, die Botschaft, die gesagt werden *soll.*
- Platz 3 für „das Wünschenswerte“, die Botschaft, die gesagt werden *kann.*

Das Botschaften-Ranking

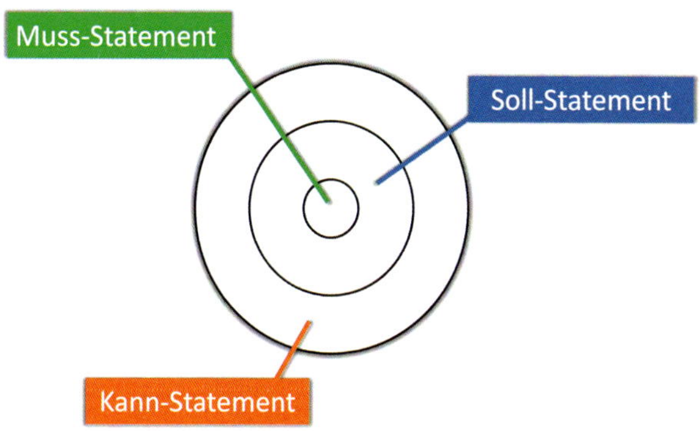

Mit diesen drei Kriterien im Gepäck kommen Sie durch jede Sendung und groß raus. Versprochen. Wie Sie dieses Kraut noch dazu fett und wohlriechend machen und wie Sie garantieren können, dass nur das auf Sendung geht, was Sie wollen, verrate ich Ihnen ein bisschen später. Jetzt legen wir den Grundstein der gelungenen Argumentation.

Der „notwendige" Muss-Sager ist der, der Ihren Job sichert: den Ihre Firmenleitung, Ihre Geldgeber, Ihre Partner oder Parteivorsitzenden von Ihnen erwarten. Der Muss-Sager bringt Sie in Sicherheit und garantiert Ihnen am nächsten Tag zustimmendes Nicken und hie und da ein freundliches Schulterklopfen.

Der „wesentliche" Soll-Sager ist ein Standpunkt oder eine Meinung, zu der Sie persönlich stehen. Etwas, an das Sie glauben können. Den feinen Unterschied zwischen „das vertrete ich aufgrund meiner Funktion" und „dazu stehe ich" kennen Sie. Die Bezeichnung „wesentlich" ist nicht zufällig gewählt, sondern folgt dem Phänomen, dass Sie als Interviewpartner höchste Glaubwürdigkeit erreichen können, wenn Sie etwas vertreten, das mit Ihrer Wesensart übereinstimmt. Beim Publikum glaubwürdig und ehrlich anzukommen ist eines der wichtigsten Ziele medialer Auftritte. Mit gutem Recht, denn Glaubwürdigkeit strahlt auf jedes Produkt, auf jedes Team und jede Idee – in jeden Haushalt.

Der „wünschenswerte" Kann-Sager *kann, muss* aber nicht sein. Er ist jedoch ungemein wertvoll. Ein Joker im Ärmel, besonders, wenn es im Zuge eines Interviews haarig werden sollte und Sie aus der gewohnten Form geraten. Sie kennen vielleicht den Zustand von „Verkrampftheit und Depersonalisierung".

Während einer Stresssituation, die ein Interview in der Regel darstellt, kann es schon passieren, dass sich das Gefühl einstellt, man würde den eigenen Körper verlassen, außen hochsteigen und sich selbst dabei zusehen, wie man schwitzend Mist verzapft. Selbst die eigene Stimme und Sprache erscheinen einem fremd. Je dringlicher man in einer solchen Situation versucht, „normal" zu wirken, desto absurder verhält man sich. Um einer solchen Zwickmühle entkommen zu können, braucht es den *wünschenswerten* OT. Dieser kann ein praktisches Beispiel oder eine persönliche Erfahrung mit dem Thema sein, das Sie gut und gerne erzählen können.

Der 3-Block

Was Sie nicht in 15 Sekunden auf den Punkt bringen können, hat im elektronischen Medium nichts verloren. Das Sprichwort „In der Kürze liegt die Würze" wird also zum Muss.

Im Radio oder Fernsehen sind Journalisten stets auf der Jagd nach Botschaften, die deutlich und einprägsam sind und eine Länge von 15 bis 20 Sekunden nicht überschreiten. Wohlgemerkt: Botschaften für geschnittene Radio- oder Fernsehbeiträge.

Nach längstens 20 Sekunden OT (Originalton) eines Experten oder einer Interessenvertreterin braucht der Rezipient eine Reizerneuerung, denn der „sprechende Kopf" wird als Fernsehbild sehr schnell öde und uninteressant. Selbst Radio- und TV-Moderationen sollen diese magische Grenze nicht überschreiten. Sie werden selten einen Moderator einer Informationssendung länger als 20 Sekunden durchgehend am Schirm oder vor dem Mikro sehen.

Selbst der Vorspann in der Zeitung, also das Fettgedruckte nach der Headline, muss beim Lesen rasch auf den Punkt gebracht sein. Auch hier dürfen Sie zum Lesen nicht viel länger als eine OT-Länge benötigen. Probieren Sie es aus!

Aus Erfahrung weiß ich, dass Journalisten und Moderatorinnen ein erlerntes Gefühl für diese zeitliche Beschränkung internalisiert haben. Da Sie jedoch wahrscheinlich Besseres zu tun haben als tägliche Routine im Moderieren zu tanken, fehlt Ihnen das Gespür für Botschaften, die in 15 bis 20 Sekunden zum Punkt kommen. Das macht nichts. Die Matrix des „3-Blocks" ersetzt es.

Dieses Modell strotzt vor Eignung, obwohl es bereits einen 2.300 Jahre langen Bart hat. Und dieser Bart gehörte Aristoteles. Er stellte die Frage:

- Wie lässt sich die Wahrheit in aller Kürze zur Zufriedenheit der Zuhörenden auf den Punkt bringen?
- Mit welchen Begründungen geben sich Menschen zufrieden?

Stellen Sie sich vor, Sie sitzen in Ihrem Arbeitszimmer. Ihre kleine Tochter oder Ihr Enkelsohn oder Ihre Nichte kommt herein und fragt, ob Sie spielen wollen. Sie antworten wahrheitsgemäß, Sie hätten im Moment leider überhaupt keine Zeit, denn Sie müssten Ihre Steuererklärung erledigen. Und schon sitzen Sie in der Klemme, denn das Kind, das sich mit dieser Erklärung nicht zufriedengibt, fragt: Warum?

Sie antworten wahrheitsgemäß: Weil ich sie morgen dem Finanzamt abgeben muss. Das Kind fragt: Warum?

Weil das Finanzamt den Termin vorgegeben hat. – Warum? – Weil das so in einem Gesetzbuch steht. – Was ist ein Gesetzbuch? – Da stehen Regeln drin, auf die sich die Menschen geeinigt haben. – Warum? – Weil sie denken, dass es Regeln für das Zusammenleben geben muss. – Warum? – Weil manche Menschen sonst Unrecht begehen würden. – Warum? – Das kann ich dir nicht sagen. – Warum? – Weil, ach verdammt, weil ich keine Zeit habe, denn ich muss die Steuererklärung erledigen!

Kinder, Philosophen und überhaupt alle Menschen nehmen es in diesem Punkt sehr genau: Sie möchten stichhaltige Begründungen für ein Argument hören, sogenannte „Letztbegründungen", also jenen ultimativen Beweis, der alle weiteren Fragen überflüssig macht.

Doch hier tut sich ein Problem auf, denn welchen Beweis wird Ihr Publikum als den letztgültigen akzeptieren?

Auf der Suche nach einer Lösung für dieses Problem fand Aristoteles das rhetorische Gefäß des 3-Blocks. Der unschlagbare Vorteil dieses Modells: Es lässt Argumentationen schlüssig wirken, ohne dass es dafür eines ultimativen Beweises bedürfte.

Das 3-Block-Modell

Der 3-Block

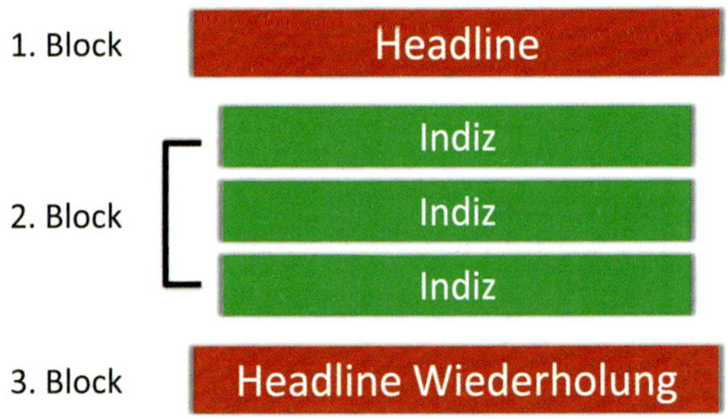

1. Aussagewunsch
2. Argumente im Sinne des Aussagewunsches
3. Aussagewunschwiederholung

Als Inhalt für oben erwähntes Gefäß nehmen wir an, ich möchte Ihnen per Radio oder TV ausrichten lassen, dass „In der Kürze die Würze" liegt. Das klingt dann etwa so:

In der Kürze liegt die Würze,

a) da kein OT im Radio und im Fernsehen länger sein darf als 20 Sekunden,
b) nach 20 Sekunden die Konzentration der Zusehenden extrem absinkt und
c) sich die meisten Botschaften ohnehin zu lange hinziehen.

Also soll ein Sager kurz sein.

Um dem Zeitlimit von 20 Sekunden treu zu bleiben, haben Sie im zweiten Block für Ihre Argumente im Sinne des Aussagewunsches maximal drei Sätze (2a, 2b, 2c), um zu beweisen, dass Sie es mit Ihrer Aussage auch tatsächlich ernst meinen. Falls Sie nur zwei oder gar nur einen guten Grund haben, kein Problem. Ein knackiger OT besticht durch Kürze und die klare Struktur. Sie haben mit dem 3-Block beides in der Hand.

Die innere Uhr der Journalisten, die in OT-Länge tickt, hat eine grausame Schwester, die Taste „Cut". Alles, was länger andauert, zu kompliziert wirkt oder nicht nah genug am Rezipienten dran ist, wird einfach weggeschnitten.

Mit dem 3-Block entgehen Sie dieser „Schere". Zumeist wird die komplette Message 1:1 gebracht. Die minimalen Korrekturen beziehen sich zumeist auf den Aussagewunsch. Der wird des Öfteren durch das sogenannte „Antexten des Interviewpartners" ersetzt.

Das klingt dann so:

Text: „... eine Botschaft im elektronischen Medium muss klar und kurz sein, so Stefan Wagner, der weltberühmte Medienexperte."

Dann bin ich im Bild, schließe nahtlos den Block 2a+b+c an und ende mit „also soll ein Sager kurz sein".

Sie können so also zwar noch immer verkürzt werden, doch der Aufbau des 3-Blocks und der nahe Bezug der Argumente zum Aussagewunsch sorgen dafür, dass Ihr Interview nie gegen den ursprünglichen Sinn Ihrer Aussage geschnitten wird.

Der erweiterte 3-Block

Ein kleiner, aber doch nicht unwesentlicher Nachteil des Modells liegt darin, dass Sie völlig entmenscht wirken, wenn Sie ausschließlich in dieser Form reden. Das hält kein Journalist aus und schon gar nicht das Publikum zu Hause vor den Fernsehgeräten - die Dritten im Bunde. So braucht es aus zwei Gründen den erweiterten 3-Block.

1. Man kann nur authentisch sein, wenn man nah am eigenen Sprachbild bleibt, anstatt rhetorische Formeln zu verwenden.
2. Der erweiterte 3-Block übersetzt die begriffliche Version Ihrer Meinung in die „Visual Entertainment-Version" Ihres Anliegens.

Der 3-Block „plus"

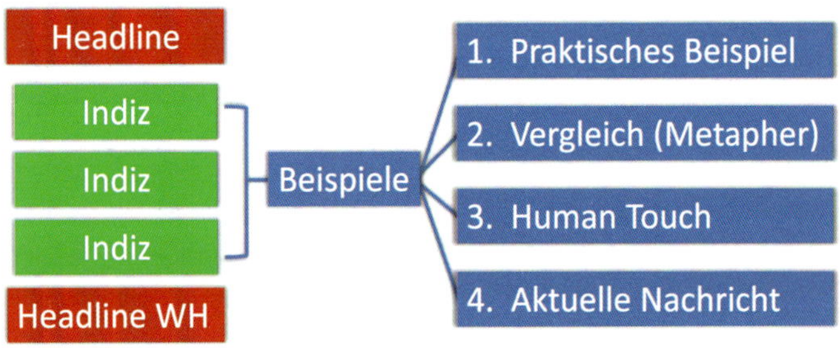

Da das „In der Kürze liegt die Würze"-Beispiel schon ein wenig nervt, wechseln wir es doch einfach aus. Greifen wir also zur Botschaft: „Abwechslung braucht der Mensch!"

Der 3-Block würde dann etwa so klingen:

1. Der Mensch braucht Abwechslung:
2. a) in der Liebe,
   b) beim Essen
   c) und beim Fernsehen.
3. Das Leben ist breit, sind Sie es tunlichst auch!

Das ist eine schlichte Behauptung, fernab der Wahrheit und der Wissenschaft. Umso dringlicher wird es, die behauptete These mit Beispielen, Anekdoten, Gleichnissen und Vergleichen in den Stand der Plausibilität und der Nachvollziehbarkeit zu erheben.

Der medial ungeübte Experte würde nun versuchen, mit Zahlen zu belegen, dass diese Behauptung stimmt. Also: wie viele männliche und wie viele weibliche alleinstehende Personen im geschlechtsreifen Alter den Partner pro Dekade, im Zeitraum 1965 bis 2005 gewechselt haben, unter der Annahme der gesundheitsfördernden Wirkung und unter Ausschluss herkömmlicher moralischer Gesichtspunkte et cetera et cetera.
Nicht so Interviewpartnerinnen und Interviewpartner, die bei Intomedia trainiert wurden.
Die würden es in den Köpfen der Rezipienten krachen lassen. Eine gehörige Bettgeschichte und die detailreiche Beschreibung der damit verbundenen körperlichen Lust und des lukrierten Lebensgewinns wären glaubwürdiger und unterhaltsamer, als tausend Zahlen es je sein könnten.
Okay! Okay! Das wollen Sie nicht. Sehr vernünftig.
Lassen Sie also jemanden anderen diese Botschaft verkaufen. Erzählen Sie die Geschichte von „Don Juan", der die Lebenszeit in Relation zur Zeit des Liebens stellte. Sprich: „1000 Liebhaber sind 1000 Jahre."
Das ist was für Genießer und Genießerinnen und lässt die Vorstellung von romantischen, zärtlichen, heftigen, sportlichen Liebesnächten Revue passieren. Natürlich werden ihn viele für einen Angeber und Hochstapler halten, doch ein gewisser Reiz liegt in der Anekdote. Noch dazu, wenn sie die These „Abwechslung braucht der Mensch" stützt.
Der erweiterte 3-Block umkreist den Kern der Nachricht wie Elektronen den Atomkern. Erst der gelungene Vergleich, das Gleichnis oder die persönliche Erfahrung in Form einer Geschichte machen das eigene Anliegen erlebnishaft. Durch diesen erlebnishaften Charakter gewinnen Ihre Thesen an medialer Bedeutung, da es sich dabei immer um eine Visualisierung handelt und so ein direkter Weg in die Vorstellungswelt der Hörer und Seher genommen wird. Es gibt keine medial-bekömmlichere Form, im Gedächtnis der Rezipienten zu bleiben als den 3-Block-Plus.
Lassen Sie uns anstelle der Anekdote zur Abrundung auch den Vergleich durchspielen, um sicherzugehen, dass es funktioniert.

Vergleich, aus dem Leben gegriffen

Es ist bestimmt nachvollziehbar, dass es bei Weitem ausreichen würde, fünf gleiche Hosen, fünf gleiche Hemden beziehungsweise Blusen, nebst Unterwäsche, Socken und einem dicken Pulli zu besitzen.

Ebenso richtig ist aber die Feststellung, dass in den seltensten Fällen in Kleiderschränken ein und dieselben Kleidungsstücke fünffach aufliegen. (Künstler bestätigen diese Regel manchmal mittels der Ausnahme.)
Das mag jetzt kein absoluter Heuler sein, der die Menschen aus ihren Pantoffeln wirft, aber ein „stimmt eigentlich!“ holen Sie sich auf jeden Fall ab. In Bezug zum 3-Block mit der Headline „Abwechslung braucht der Mensch“ macht das Sinn und kann somit eine Anregung für die nächste Unterhaltung im Büro sein.

Szene im Büro

Stefan: Hey, neue Schuhe!

Andrea: Ja, und ich wollte gleich mehrere Paare davon kaufen.

Stefan: Ja, da würde man sich die tägliche Qual der Wahl ersparen.

Andrea: Ich habe vor einigen Tagen eine Sendung im Radio gehört, da ...

Und schon sind wir genau dort, wo wir hin wollen. In den Köpfen.
Zur persönlichen Topform laufen Sie auf, wenn es Ihnen Spaß macht, die Story unter die Leute zu bringen, da Sie davon überzeugt sind, sie *gut* erzählen zu können. Manche können gar nicht genug davon bekommen, ihre Lieblingsgeschichten zu erzählen. Egal, ob sie beim Meeting oder beim Familienfest sind. Ich bin so einer. In meinem Leben gibt es eine Handvoll Geschichten, die ich furchtbar gerne erzähle, weil ich sie so gut erzähle. Da passt jede Pause, jeder Blick. Jede Wendung und jeder Stimmungswechsel wird voll ausgekostet. Meine Haltung ist die jeweils richtige, meine Hände unterstützen und begleiten notwendige Details. Meine Stimme sitzt und der richtige Ton macht hervorragende Musik. Ich bin ganz ich.
In der Interviewsituation ist diese Form der Überzeugungsarbeit Gold wert, wenn es haarig wird. Wenn Sie durch die Situation vor dem Mikro oder durch den Druck des Journalisten unter Stress stehen, kann es schon passieren, dass sich die Authentizität über kurz oder lang verabschiedet. Plötzlich redet man nahe am Hexameter, verwendet nachgetragene Appositionen in der Vorvergangenheitszukunft unter Zuhilfenahme fremdländisch anmutender Fachtermini. Und schon verlässt man den eigenen Körper und kann sich selbst von außen beobachten, wie man komplizierte, nicht mehr enden wollende Sätze bar jeglicher Aussage produziert und jede Natürlichkeit verliert.

In diesen so normalen wie schrecklichen Situation ist es höchste Zeit, den 3-Block Plus zu verwenden. Eingeleitet mit der einfachen rhetorischen Formel „Ich möchte Ihnen das anhand eines Beispiels erklären" lassen Sie eine Story vom Stapel, die Ihnen auf den Leib geschrieben ist. Im Nu sind Sie wieder der oder die Sie vorher waren.

Die Trinität des Mediums

Die Beweggründe, fernzusehen, Radio zu hören und Zeitungen zu lesen, sind so vielfältig wie individuell. Ein Motiv jedoch haben wir als Rezipienten gemeinsam. Es ist banal: Wir möchten etwas zu erzählen haben. Jeder und jede Einzelne von uns in unterschiedlichen Themenbereichen: Die eine interessiert sich für Politik, der andere für Fußball*, Modetrends oder die Tierwelt.

So unterschiedlich unsere Interessen ausgerichtet sind, so einig sind wir uns in dem Wunsch nach dem „Profit", den wir für die investierte (Fernseh-)Zeit und (Schau-)Energie haben möchten. Am Ende eines Fernseh- oder Radioabends möchten wir „gescheiter" sein als vorher. Und das in der Regel nicht zum Selbstzweck, denn so richtig Spaß erfährt der „Neu-Wissende" erst, wenn er sein erworbenes Wissen anderen Menschen mitteilen kann.

Aufwertung erfährt das Medium durch den Umstand, dass das 21. Jahrhundert dem Irrtum huldigt, Information sei mit Bildung gleichzusetzen. Wer nicht weiß, was läuft, gerät somit leicht in Verdacht, ein geistiger Tiefflieger zu sein.

Der Anspruch, informiert zu sein, wächst mit der *Gelegenheit*, sich zu informieren. Wenn es möglich ist, zwischen Nord- und Südpol 24 Stunden täglich an Information zu gelangen, wird die Informationsaufnahme zur Pflicht. Wer noch vor Kurzem versäumt hätte, wie Berlusconi von einer Nachbildung des Mailänder Doms im Gesicht getroffen wurde, hätte tags darauf im Büro mit Sicherheit nicht zu den Pausengesprächsführern gezählt.

Heute sind wir bereits einen Schritt weiter. In einem solchen Versäumnisfall liefert YouTube die Bilder, wann immer sie gesehen werden wollen. Jedes Handy verschafft die versäumte Information, die zum Tages-

* Der Sport wird in Medienanstalten der Information zugeordnet. Wenn Sie also in Sehererhebungen lesen, dass Männer mehr Informationssendungen konsumieren als Frauen, lassen Sie sich nicht täuschen. Diese Ergebnisse bedienen ein Klischee, das sein Ende findet, wenn man den Sport von der Information abzieht. Denn dann halten sich Mann und Frau bezüglich ihres Interesses an Informationssendungen die Waage.

gesprächsthema mutiert ist, mit links und ein Hotspot befindet sich in der Regel in Reichweite. Das WWW am Arbeitsplatz ist eine Selbstverständlichkeit.
Ob wir die „Medialisierung“ unserer täglichen Wirklichkeit nun begrüßen oder ablehnen – sie ist innerhalb weniger Jahre zu einer Tatsache geworden. Und sie ist ein Grund zur Freude für all jene, die elektronische Medien nützen wollen, weil sie etwas zu sagen haben: Expertinnen mit Fachkenntnissen, Interessenvertreter mit Standpunkten, Menschen mit Meinungen – also Sie selbst.
Wenn alle jederzeit informiert werden wollen, brauchen auch die Medien selbst mehr Informationen denn je zuvor. Sie erhalten diese von Informanten und der beste Informant für ein elektronisches Medium ist nach wie vor der Interviewpartner.
Durch die Breitenwirksamkeit des Mediums stecken in einem Fernsehauftritt im Zuge eines Interviews ungeheure Chancen – für Sie selbst, Ihre Idee, Ihr Wissen, Ihr Unternehmen oder für die Menschen, die Sie in einer politischen oder sozialen Funktion vertreten. Was immer Ihre Botschaft ist – Sie erhalten die Chance, so viele Menschen damit zu erreichen, wie es auf keinem anderen Weg möglich wäre.

Man will nachher schlauer sein, als man vorher war.

Der Trinität erster Teil: Das Verstehen

Um von anderen verstanden zu werden, braucht es an erster Stelle eine einfache Sprache. Den Schlüsselsatz zu diesem Thema sprach Arthur Schopenhauer – obwohl er von Fernsehen und Radio etwa so viel Ahnung hatte wie Mozart von E-Gitarren: „Man nehme einfache Worte und sage außergewöhnliche Dinge.“
Fachchinesisch ist immer die Sprache einer kleinen Gruppe Eingeweihter. Würde ich mich hier an dieser Stelle über „maximale Thesauren“, „prädispositionierte Rezipienten“ und „mediale Kommunikationssubstrate“ verbreiten, Sie würden dieses Buch sehr schnell aus der Hand legen – mit gutem Recht! Fachtermini mögen zwar für kurze Momente Eindruck schinden – verstanden werden sie mit Sicherheit nicht.
Fernsehen, Radio und Printmedien gestalten „Einwegkommunikation“. Sie teilen Rezipienten und Rezipientinnen etwas mit, ohne dass

diese im Augenblick der Information die Möglichkeit haben, das Geschehen zu beeinflussen. Auch ein tausendfach vor den Fernsehschirmen gemurmeltes „Das kapier ich jetzt nicht" bleibt für die Beitragsgestalterin unhörbar. Die Verantwortung, verstanden zu werden, liegt in der Einwegkommunikation deshalb einzig und allein beim Sender der Nachricht. Würde ich also hier an diesem Sonntag in meinem Büro auf meiner Tastatur - aus Rache, dass draußen die Welt scheinbar an mir vorbeizieht - eine Sprache anschlagen, die Sie nicht verstehen, wäre es allein meine Schuld, wenn es zwischen uns nicht klappt. Dass Sie lesen können, muss genügen.

Verstehen

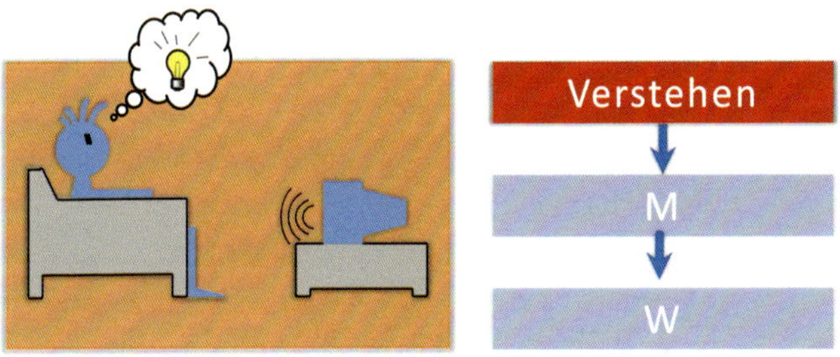

Das Gleiche gilt auch für Fernsehzuschauer und Radiohörerinnen. Wenn ein Mensch genügend Intelligenz mitbringt, um das Gerät einzuschalten, und sich körperlich in eine Position bringen kann, die ihn die ausgesendeten Reize wahrnehmen lässt, hat er seinerseits den „Pflichtenkatalog" erfüllt. Als Interviewpartner sind nun Sie am Zug, sich klar und einfach verständlich zu machen.

Elektronische Medien sind flüchtige Medien. Die Nachrichten kommen und sind im nächsten Moment Vergangenheit. Rund um die Uhr.

Das „intellektuelle Medium", die Zeitung, kann mehrmals gelesen werden. Ein schwieriger Artikel kann wiederholt werden. Wenn Herr X das, was er liest, nicht versteht, aber so tun will, als ob, kann er den komplizierten Text nötigenfalls sogar auswendig lernen und im Büro aufsagen.

Er kann den Artikel auch mitbringen und mit einer Einleitung wie „Hört mal, wie interessant ..." vorlesen.
Mit dem Auswendiglernen haben wir alle Erfahrung. Denken Sie nur an „Ihren" Schiller im zarten Schüleralter. Erfahrungen wie „Die Glocke" haben viele von uns dazu bewogen, unser weiteres Literaturleben als Liebhaber zeitgenössischer Krimis zuzubringen. Andere ließen sich davon in die Arme des elektronischen Mediums treiben.
Jedes Wort, das in Fernsehen und Radio fällt, muss *im selben Moment* verstanden werden. Begriffe, die kompliziert oder uneindeutig sind, brauchen Zeit, um vor dem Auge der Seherin oder des Hörers Gestalt anzunehmen.
Das Wort „kommunizieren" beispielsweise braucht einen Moment lang unsere Konzentration, um „dingfest" gemacht zu werden, da es in unserem „Fotoarchiv" – dem Langzeitgedächtnis – oft undeutliche Bilder dazu gibt. Das Wort „reden" hat da viel mehr Substanz. Es kann im gleichen Moment in ein konkretes Bild verwandelt werden, denn das Wortfeld „reden" – Gespräche, Unterhaltungen und Plaudereien – zählt zu unseren persönlichen Erfahrungen.
Wenn ein Wort, das in einem elektronischen Medium verwendet wird, von Sehern oder Hörerinnen sofort in ein entsprechendes Bild umgewandelt werden kann, nenne ich diesen Effekt „Visual Entertainment".

Seien Sie gnadenlos „bildhaft" beim Reden und kommunizieren Sie nicht lange herum.

Der Trinität zweiter Teil: Das Merken

Das Merken ist nicht minder wichtig, wenn Sie sich medial bei Ihrem Publikum beliebt machen wollen. Erinnern Sie sich bitte daran, dass es eine grundlegende Absicht Ihrer Seherinnen und Hörer ist, nach einer Informationssendung schlauer zu sein, als sie es vorher waren, also: mit der Möglichkeit ausgestattet worden zu sein, vor sich und anderen besser dazustehen als in der Vergangenheit.
Um dies zu erreichen, ist es natürlich notwendig, sich an das Gesagte zu erinnern.
Die Voraussetzung für das Merken ist das Verstehen. Unzertrennlich, auf Gedeih und Verderb miteinander verbunden, vollendet sich im Merken

die lobenswerte Eigenschaft, einfach in der Wahl Ihrer Worte zu sein, mit der Sie komplexe Themen beschreiben.

Merken

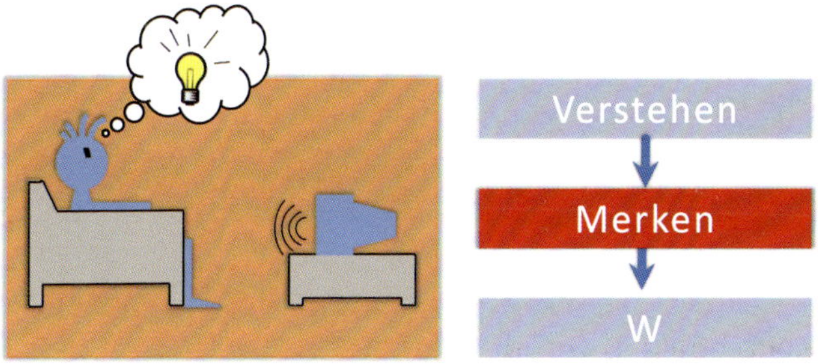

Wenn Sie es zusätzlich schaffen, handlungsorientiert zu erzählen, also einfache Worte zu Handlungen - sprich: Storys - zu verbinden, werden Sie zum geborenen Interviewpartner für Journalisten.

Wahrscheinlich ist Ihnen aufgefallen, dass in den elektronischen Medien immer dieselben Experten und Expertinnen aus Politik, Wirtschaft, Medizin und anderen Wissensgebieten zu sehen sind. Und vielleicht haben Sie sich gefragt, ob es auf diesem Gebiet keine anderen Fachleute gibt. Natürlich gibt es auch andere, aber häufig fehlt ihnen das gewisse Etwas: so zu reden, dass der Inhalt des Gesagten merkbar wird.

Das eingängigste Beispiel, das mir zum Thema „Merken" bekannt ist, stammt von der deutschen Trainerin und Autorin Vera Birkenbihl. Versuchen Sie sich nach einmaligem Lesen folgende Sätze zu merken:

> Ein Zweibein sitzt auf einem Dreibein und isst ein Einbein. Da kommt ein Vierbein und nimmt dem Zweibein das Einbein weg. Daraufhin nimmt das Zweibein das Dreibein und schlägt damit das Vierbein.

Halt! Aufhören! Nicht noch mal lesen!

Auch im elektronischen Medium flitzt die Nachricht nur ein einziges Mal vorbei. Mit diesem Gedanken in Ihrem Kopf können Sie die Schwierigkeiten beim Wiedergeben ermessen, die sich für Sie als Hörer, Seher - oder in diesem Fall als Leser - ergeben.

Setzen Sie nun in den „Zweibein-Satz" Folgendes ein:

> Für Einbein: Hühnerbein

Für Zweibein: Mensch
Für Dreibein: Hocker
Für Vierbein: Hund

Wiederholen Sie nun den Versuch, sich die Sätze nach einmaligem Durchlesen zu merken. - Erstaunlich, oder?

Die lückenlose Erinnerung basiert auf zwei Faktoren: deutlichen Bildern und einer handfesten Geschichte. Haben Sie klare Bilder, die sich im Moment des Hörens (Lesens) vor Ihr „inneres Auge" stellen, können Sie die Abfolge einer Geschichte beliebig ändern - die Aussage wird trotzdem die gleiche bleiben.

Zu dem „Zweibein"-Satz könnte ich also nun beispielsweise auch formulieren, dass ein Vierbein ein Einbein raubt und sich daher ein Zweibein ärgert und daher eines Dreibeins bedient, um das Vierbein in die Flucht zu schlagen. Vor Ihrem inneren Auge wird zu der alternativen Satzstellung und den anderen Worten der gleiche Handlungsablauf wie zuvor entstehen. Die Bilder, die in Ihrer Erinnerung auftauchen, sind so ähnlich, dass sie sich immer wieder zu einem Ganzen zusammensetzen.

Die Gnade des Erinnerns schaffen Sie durch deutliche Bilder und eine handfeste Geschichte.

Die Geschichte oben ist durchaus zum Weitersagen gedacht. Was uns zum dritten Teil der Trinität bringt.

Der Trinität dritter Teil: Das Weitersagen

Weitersagen

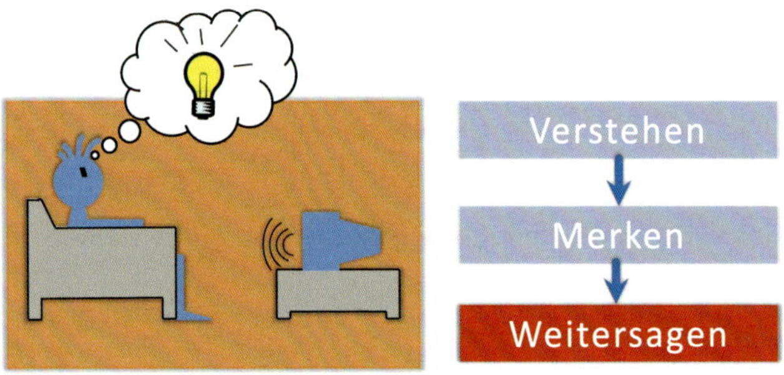

Noch einmal zur Wiederholung: Da es das grundsätzliche Interesse jedes Medienmachers ist, dass über Gesendetes gesprochen *wird*, und es den Seherinnen und Hörern gleichermaßen wichtig ist, über Gesendetes reden zu *können*, liegt es als Interviewpartner in Ihrem ureigenen Interesse, so verständlich zu sprechen, dass Ihre Botschaft merkbar wird. Damit ebnen Sie den Weg zum Weitersagen.
„Weitersagen" ist das entscheidende Kriterium für den Erfolg *Ihrer* Nachricht. Denn im Versuch, einen Inhalt weiterzuerzählen, zeigt sich klar und deutlich, ob der Erzähler ihn verstanden hat und sich die entscheidenden Punkte merken konnte. Man soll diesen Vorgang nicht unterschätzen: Ein ebener Weg gelingt seltener, als es für alle Beteiligten wünschenswert ist. Viele Menschen scheitern kläglich, wenn sie im Büro versuchen, ihre Kollegen für das am Vorabend Gesehene zu begeistern. Ich nenne diesen Umstand: das „Office-Syndrom".

Das Office-Syndrom

In den 20:00-Uhr-Nachrichten läuft eine Reportage über die bevorstehenden Wahlen und die verschiedenen Möglichkeiten der Wählerstromanalyse. Während es von großem Interesse ist, wer nun wen gewählt haben wird und warum die einen die Stimmen von den anderen bekommen haben werden und die anderen wiederum die Stimmen von denen erhalten, die bei den letzten Wahlen diejenigen gewählt hatten, die ... hören Sie in der Reportage Meinungsforscher, Analysten und Techniker Sätze sagen, die wie folgt beginnen: „Die Analyse des Wählerstroms kann proportional zu Ergebnissen der Expertisen des Potenzials ..."
Am nächsten Morgen im Büro ist von der Reportage das *Gefühl* übrig, etwas Interessantes wahrgenommen zu haben. Noch bevor man in sich gegangen ist und sich gefragt hat, was das konkret war, sprudelt man los: „Du! Hast du gestern die Dings gesehen, äh ... du weißt schon, ... der von dem Institut da ..., na ist ja egal, jedenfalls, äh ... das mit der Wähler- ... Wahlstromdialyse ... äh, wie die Koalition mit der ... Dingspartei, weißt eh, eben der Wechsel, der hat ... na, auf jeden Fall typisch ... zum Schluss bleibt ohnehin alles wieder beim Alten! Machen sowieso, was sie wollen! Und überhaupt, was heute die ganze Zeit im Fernsehen läuft, früher war da wenigstens ...!"
Die Entrüstung über die Moral in der Politik und die schlechte Qualität des Fernsehens an sich ist nur eine Spielvariante der vielfältigen Re-

aktionen auf das Unvermögen, die Reportage in eigene Worte fassen zu können. Das unangenehme Gefühl, das den Möchtegern-Erzähler beschleicht – und das er oder sie lieber nicht wahrnehmen möchte –, ist, dass er die empfangene Information nicht verstanden hat und sie sich deshalb auch nicht merken konnte. Bevor er die Blamage vor den Kollegen im Büro auf sich nimmt, ist es besser, die „anderen" kriegen das Fett ab. So werden aus Politikern „Leute, die sich's so oder so richten", aus Experten „abgehobene Besserwisser" und aus den Fernsehsendungen generell wird „Mist".

Das Office-Syndrom

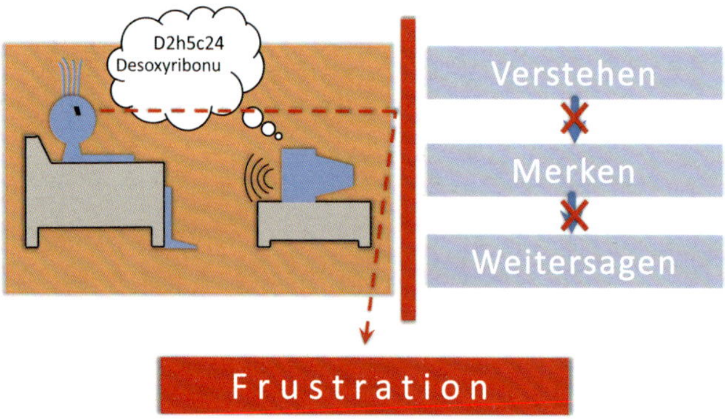

Zum Fernsehen oder Radiohören wird Energie aufgewendet. Haben Zusehende oder Hörende nichts davon, entsteht Frustration, die nahtlos in Aggression umgewandelt wird: Es gibt eins auf die Rübe. Für die Macher und die direkten Verursacher.

Sie können das an sich selbst beobachten, wann immer Sie in eine Sache Energie investieren: Haben Sie beispielsweise Ihre Zeit und Kraft in etwas gesteckt und es kommt dabei nichts raus, haben Sie etwas „vergeblich" versucht. Frustration (= Vergeblichkeitsgefühl) entsteht und oft lässt die Suche nach einem Schuldigen nicht lange auf sich warten.

Zurück zum Weitersagen: Die Lust, etwas weiterzuerzählen, steigt mit der Erregung zum Zeitpunkt der Wahrnehmung. Das heißt: Wenn Sie etwas hören, sehen oder lesen, das Sie in Stimmung bringt – ob in gute

oder schlechte, ist gleichgültig –, wächst die Chance, dass Ihnen die Botschaft zu einem späteren Zeitpunkt wieder einfällt und Sie jemandem davon erzählen.
Redewendungen wie „Hast du auch gehört?" und „Hast du gesehen?" sind Zeugen vorangegangener Emotionalisierung. Auch die Emotionalisierung bildet also eine Grundvoraussetzung für unsere Erinnerung. Eine Botschaft, die uns bei ihrem Empfang nicht emotional in Bewegung bringt, entschwindet auf Nimmerwiederhören und -sehen in den ewigen Jagdgründen des Vergessens.
Eine Information bleibt ohne Emotion wertlos. Niemand erinnert sich zu einem späteren Zeitpunkt an etwas, das ihm gleichgültig geblieben ist. Unser Organismus arbeitet ökonomisch. Er muss davon „überzeugt sein", Richtiges und Wichtiges zu tun. – Und dazu gehört die Erinnerung an Erinnerungswürdiges.
Werbung, Marketing und Public Relations wären ohne diese Kenntnisse noch nicht erfunden. Tatsächlich finden sie ihr gesamtes Arbeitsfeld darin, „Überzeugungsarbeit für unseren Organismus" zu leisten.

Thalamus und Mandelkern

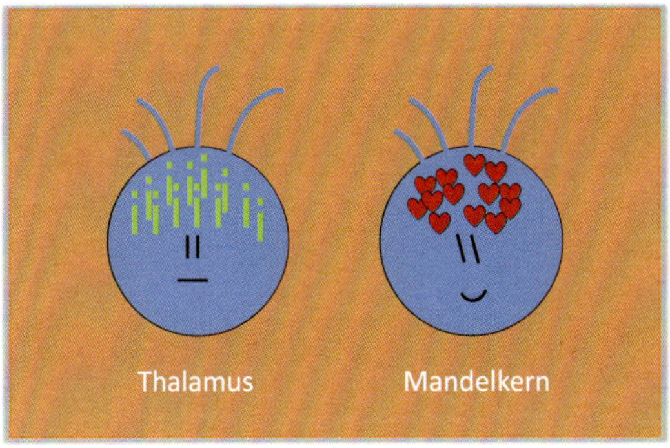

Wenn wir unser Gehirn öffnen und live bei der Arbeit beobachten könnten, fänden wir die Ursachen für seine Funktionsweise. Thalamus und Mandelkern heißen zwei Zentralen im Gehirn, die unterschiedliche Aufgaben erfüllen und eine ständige Zusammenarbeit pflegen.
Der Eingängigkeit und Verwertbarkeit den Vorrang vor biologischen Details gebend, lässt sich ihre Teamarbeit folgendermaßen erklären: Während im Thalamus Informationen gespeichert werden, speichert der Mandelkern Gefühle ab. Die Kooperation sieht wie folgt aus: Jedes Interview, jede Anekdote, jedes Erlebnis hat informative Anteile und emotionale Anteile. Während sich der Thalamus die Zahlen, Daten und Fakten merkt, behält der Mandelkern alle Gefühle und sinnlichen Eindrücke: also Ärger, Freude, Weichheit, Wärme.
Das spielt eine enorm wichtige Rolle beim Erinnern. Denn es ist uns nur dann möglich, uns leicht an Dinge zu erinnern, wenn wir diese beiden Zentren stimulieren.

Beispiel

Die einfache Frage „Wie war denn euer Urlaub dieses Jahr?" ruft sofort Emotionen in uns hervor – ein Zeichen, dass unser Mandelkern im Einsatz

war. Diese Gefühle kommen häufig durch nonverbale Signale zum Ausdruck – ein verklärter Blick oder ein kurzes Seufzen zeigen unsere starke emotionale Beteiligung. Erst danach folgt in der Regel die inhaltliche Auskunft: wo und mit wem wir wann für wie lange waren.
Die „Reihenfolge der Antworten" ist also: Seufzer. „Ach! Dort war es schön." (Mandelkern). „Wir waren in Grönland, mit der Pepi-Tante und dem Onkel Alois." (Thalamus)

Die Erinnerung startet wie im Beispiel „Grönland" der Mandelkern. Die Information wird nachgeliefert. Wenn der Mandelkern beim Versuch, sich an etwas zu erinnern, scheitert, gerät auch der Thalamus in Erinnerungsnotstand.

Beispiel

Ihre Frau oder Ihr Mann sagt zu Ihnen: „Kannst du dich noch an den netten Abend mit Christian und Isabella erinnern? Als wir in diesem schönen Lokal waren?"
In Ihrem Erinnerungsarchiv herrscht gähnende Leere. Nicht einmal der kleinste Anhaltspunkt. Nur die Gesichter der Freunde tauchen im Bildspeicher des Gedächtnisses auf.
Sie haben nun die Möglichkeit, eine kleine Beziehungskrise Marke „Du vergisst also einfach den wunderbaren Abend mit mir" zu riskieren.
Sie können aber auch versuchen, Ihre Emotionszentrale zu wecken, indem Sie sagen: „Ah ja, was haben wir da Feines gegessen?" Und darauf hoffen, dass in der folgenden Antwort ein Detail enthalten ist, das Ihrem Mandelkern auf die Sprünge hilft. Häufig tauchen im Anschluss an die Erinnerung an das sinnliche Erlebnis – das Essen – auch alle anderen Sequenzen wieder auf. Probieren Sie es aus!

So funktioniert das menschliche Gedächtnis: Es speichert Dinge, die emotional für uns von Bedeutung sind. Erinnerungen speichern nichts Überflüssiges, sondern nur das Wesentliche – das, was unserem Gemüt in der Vergangenheit am nächsten gekommen ist.

Denken Sie noch mal zurück an die Trinität des Mediums: Verstehen und Merken bauen auf inhaltlicher Verständlichkeit auf, doch die Möglichkeit und vor allem der Wunsch, etwas weiterzuerzählen, basiert auf der richtigen Dosierung von Information und Emotion. Wir kennen dieses Phänomen aus unserer Schulzeit: Nichts war so schwer und ermüdend wie Lernen durch stures Wiederholen. Wenn man das eingepaukte Wissen dann zur Prüfung brauchte, tauchte häufig zwar die Passage bildlich auf, gepaart mit der genauen Erinnerung an den *Ort* des Erlernten – man konnte oft die gesamte Buchseite vor sich sehen –, doch die Fakten selbst blieben im Verborgenen.

Machen Sie es Ihrem Publikum leicht und füttern Sie bewusst die Belegschaft des Mandelkerns.

Die 4 Säulen der Nachricht oder: Der Mehrwert der Information

Nicht jede Geschichte, die Sie verstehen können und die als solche merkbar wäre, ist es wert, weitererzählt zu werden. Manche Informationen sind zu wenig unterhaltsam, haben keinen Pep und keinen Sex-Appeal. Wer schon einmal gelangweilt wurde, weiß, wovon die Rede ist. Von echt öder Unterhaltung.

Umso aufregender sind Storys, die das gewisse Etwas haben. Schon beim Hinhören spürt man das wachsende Interesse. Irgendwo im Körper kribbelt es, Münder stehen offen und die Spannung wird in den Gesichtern der Zuhörenden sichtbar. Die Geschichte punktet emotional.

Die Möglichkeiten, einer Message den nötigen „emotional drive" zu geben, sind klar definiert und einfach anzuwenden. Jede Nachricht steht bildlich gesprochen auf vier Säulen. Diese sind das Salz in der Suppe und das Gelbe vom Ei, wenn Sie möchten, dass Ihre Story publik wird.

Die Erhebungen, Studien und Forschungsergebnisse zum Thema Aufmerksamkeit und den Maßnahmen, die Konzentration bündeln, kommen zu unterschiedlichen und doch ähnlichen Ergebnissen. Einigkeit besteht vor allem in der Feststellung, dass täglich, stündlich und fast pausenlos enorm viele Botschaften auf uns einwirken.

Wenn Sie nach einem Arbeitstag in einer Großstadt wie Wien, Berlin oder Zürich abends nach Hause kommen, haben zwischen 1400 und 4000 Nachrichten versucht, Ihre Aufmerksamkeit zu erregen: Plakatwände, Werbeschaltungen in der Tageszeitung, Infoscreens in U-Bahnstationen und auf Hochhäusern, Radiospots, Pop-ups im Internet, Spammails am Arbeitsplatz, Auslagendekoration, Slogans auf Autos, Schriftzüge auf Straßenbahnen und Haltestellen, Logos auf Kleidungsstücken und Gebrauchsgegenständen, Werbematerial im Postfach und jede Menge Gespräche. Botschaften ohne Ende.

All diese Informationen haben ihre guten Seiten. Wir erfahren, wo es das beste Angebot gibt, wer uns günstig versichert, wo man preiswert mit Kind und Kegel Urlaub machen kann und wen man besser das nächste Mal nicht mehr wählt.

Letztendlich entscheiden Sie selbst, was nicht nur an Sie rankommt, sondern auch *in Sie hinein* darf. Sie sind die letzte Hürde für den Verkauf, die PR und die Werbung. Wenn Sie nichts reinlassen, kann sich jeder Werbespezialist jede Botschaft an den Hut stecken.
Wir, die Umworbenen, wehren uns immer besser, werden immer anspruchsvoller und dickhäutiger. Spätestens wenn wir abends nach Hause kommen, teilen wir am Briefkasten die Welt der Botschaften in zwei Teile: Die für uns relevanten nehmen wir mit heim. Der „bunte Stapel" darf im Müllraum schlafen.

Wenn Sie eine Botschaft für mediale Auftritte vorbereiten, sollten Sie alle nötigen Register ziehen, um damit be-merkens-wert und weiter-erzählens-wert zu sein.

Für einen Radio- oder Fernsehauftritt haben Sie die fantastische Möglichkeit, den Unterhaltungswert Ihrer Messages zu trimmen und schon *vorab* zu überprüfen, ob die Sache was taugt oder vergebene Liebesmüh ist. Wenn Sie es schaffen, Ihr Anliegen an eine der vier Säulen der Information zu lehnen, haben Sie es geschafft. Dann kommen Sie ran und rein.

Das A-Quartett: die 4 Säulen der Information

Seien Sie davon überzeugt, dass Ihrem Kopf ausschließlich Erinnerungen zur Verfügung stehen, die an einer dieser Säulen lehnen:

Die 4 Säulen der Information

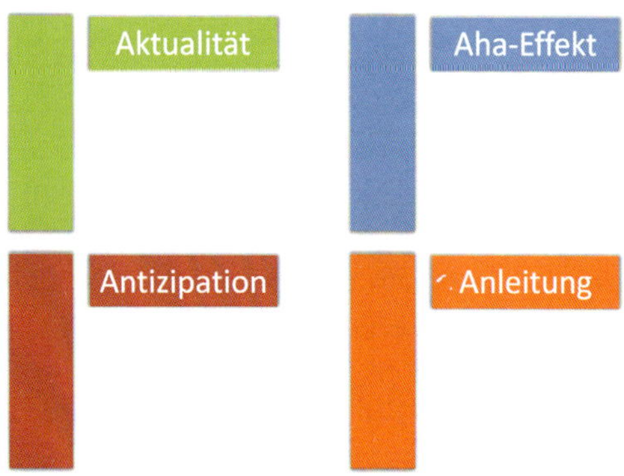

Säule 1: Aufsehen (Aktualität)
Wenn in der Dritten Welt täglich Tausende Menschen verhungern, ist das so üblich und somit - im wahren Sinne des Wortes - nicht der Rede wert. Wenn durch ein Attentat der El Kaida an einem Tag „nur" vier Menschen sterben, reden alle darüber. - Zwei Tragödien, von denen die eine offensichtlich mehr mediale Aufmerksamkeit bekommt als die andere.
Die absolute Neuigkeit, das Kurioseste des Tages, die sensationelle Botschaft schafft es in jeder Sendung ganz nach oben, an den Beginn, in die Schlagzeile und damit in die erste Moderation. In den Tageszeitungen finden wir sie auf der Titelseite, zumindest aber als Aufmacher für den jeweiligen Bereich, ob Inland, Ausland, Chronik, Sport oder Kultur. Im Radio tönt diese News aus der Morgenshow. High Peak, 7:40 Uhr - da hört fast jeder mal rein. Wer immer eine Sensation anzubieten hat, wird mit fetten Lettern und prominenten Sendeplätzen verwöhnt.
Nachrichtensendungen teilen die Themen des Tages in verschiedene Kategorien ein. Die aktuelle Nachricht rangiert dabei immer an oberster Stelle. Sie ist die *wichtigste* Nachricht.

Mit einer aufsehenerregenden oder tagesaktuellen Nachricht schaffen Sie Aufregung bei Sendungsmachern und Rezipienten, da Aufregung allemal ein probates Mittel ist, um einer Information Leben einzuhauchen.

Sensationen werden gerne ausgestrahlt, sie werden leicht gemerkt und erzählen sich praktisch von selbst weiter. (Wissen Sie noch, wann und von wem Sie am 11.9.2001 vom Attentat auf die Twin Towers erfahren haben?)
Einziges Problem: Absolut Neues und Sensationelles ist rar - ganz besonders in positivem Zusammenhang.

Säule 2: Aha-Effekt
Dieses Heureka-Erlebnis ist ein Knüller und passiert in Augenblicken des Begreifens. Es speist sich aus dem Umstand, dass es Sachverhalte gibt, die tatsächlich schwer zu verstehen sind - und nur darauf warten, von Ihnen einfach dargestellt zu werden.
Der Rezipient, der erkennt, dass er plötzlich in der Lage ist, zu verstehen, was er zuvor nicht verstanden hat, empfindet Glück, erlebt geistige

Höhenflüge und hat das Gefühl, nun endlich den Sprung in die geistige Elite dieses Landes geschafft zu haben.
Wie gesagt: Es ist kein Zufall, dass in den elektronischen Medien ständig dieselben Experten und Expertinnen zu sehen und zu hören sind, wenn so wenige Experten es schaffen, vom hohen Ross der Wissenschaften zu steigen und für Laien Wissen zu schaffen.

Beispiel

Mein Physikprofessor der AHS-Oberstufe war ein begnadeter Meister des Spiels mit der Säule des Aha-Effekts. Trieben mir die Gegenstände Mathematik und Physik, bevor er in mein Schülerleben trat, schon in ihren Abkürzungsbuchstaben im Stundenplan den Angstschweiß auf die Stirn, verhalf er mir bildhaft-bildend zu Aha-Erlebnissen am laufenden Band. Der abstrakten Formel „Druck ist Kraft durch Fläche" verhalf er zum Leben, indem er sie auf den banalen Vorgang des Nagel-Einschlagens herunterbrach.
Kommen Sie kurz mit! Geben Sie sich einem kleinen Ausflug in die Welt der angewandten Physik hin. Es lohnt sich.
Wenn Sie einen Nagel in die Wand einschlagen wollen, setzen Sie diesen automatisch mit der Spitze voran an die Wand. Die Spitze hat wenig Fläche. Danach schlagen Sie mit einem Hammer drauf – der ist die Kraft. Und wenn Sie nicht auf einen Stahlbetonträger Ihrer Neubauwohnung treffen, geht der Nagel wie Butter in die Wand. Klar: Druck ist Kraft durch Fläche. Durch auf wenig Fläche einwirkende Kraft entsteht viel Druck.
Sie können das Gegenteil erleben, wenn Sie versuchen, den Nagel mal verkehrt herum in die Wand zu bringen, nämlich mit dem Kopf nach vorne. Schlagen Sie mit dem gleichen Hammer mit der gleichen Kraftanstrengung drauf. Bevor der Nagel in die Wand geht, geht ein Kamel durch ein Nadelöhr. Denn: Mit so viel Fläche entsteht durch die gleiche Kraft viel weniger Druck.

Bringen Sie Ihre Expertisen, Thesen und Sachverhalte in Verbindung mit den Dingen des Lebens. Lassen Sie Vergleiche, Gleichnisse oder Anekdoten erzählen, wozu Formeln und Fachbegriffe nicht in der Lage sind.

Im anderen Fall werden die maximalen Thesauren der Kommunikationssubstrate primär jenen Rezipienten des elektronischen Mediums proportional zum Output des ... – Sie verstehen.

Säule 3: Antizipation

Wer unter Ihnen schon mal als Beifahrerin beziehungsweise Beifahrer im Wagen Ihres Mannes oder Ihrer Frau auf Kosten der guten Beziehung „mitgebremst" hat, weiß, was motorische Antizipation bedeutet. Es handelt sich um eine mediale Form der sogenannten „magischen äußeren Haltung" eines Menschen, also um den Automatismus, mit körperlichen Verrenkungen die Dinge des Lebens beeinflussen zu wollen.

Natürlich beeinflusst besagtes „Mitbremsen" auf gewisse Weise Ihr Leben, aber ausschließlich auf der Beziehungsebene. Der eigentlich angestrebte Effekt, das Auto zur rechten Zeit am rechten Ort zum Anhalten zu bringen, entzieht sich der motorischen Antizipation.

Bei jeder Fernsehsendung übertragen sich die Emotionen der Menschen *im* Medium auf die Menschen *vor* dem Medium. Das heißt: Die davor fühlen mit denen da drin.

Beispiel

Zielhanginterviews mit Schifahrern haben wenig mit Informationsübertragung zu tun, sondern zielen ausschließlich darauf ab, Sie als Zuseher vor dem Bildschirm an den Rand des Herzinfarktes zu treiben.

Das passiert wie folgt: Im Zielhang angekommen hat Kilian Albrecht wie jede andere Sportskanone das heftige Bedürfnis, zügig nach Luft zu schnappen. Puls: circa 1500 Schläge pro Minute. Der Reporter ignoriert heiter die Überlebenswichtigkeit dieser Maßnahme und stellt die rein kognitive Frage: „Kilian! ... Zwei Hundertstel hinter X! ... Wo hast du die zwei verloren?"

Albrecht antwortet wie aus der Bronchialkatarrhpistole geschossen: „... japs ... keuch ... ich ... bin da ... keuch ... runter ... und ... keuch ... paah, das ist so ... schnauff ... keuch ... hart ... keuch ... pust ... japs ..."

Niemand ist in diesem Moment wirklich daran interessiert, wo und wie der Mann zwei Hundertstelsekunden auf den Führenden verloren hat. Was in diesem Moment tatsächlich gezeigt werden soll, ist der Moment höchster Anstrengung und Erschöpfung nach einem Rennen. Durch den Anblick des Atmens, Prustens und Keuchens des Schifahrers verändert sich auch *Ihr* Atemrhythmus zu Hause vor dem Fernsehgerät. Auch Ihre Pulsfrequenz steigt. Sie erleben physiologische Antizipation und sind damit erst wirklich „live" dabei.

Beobachten Sie einmal die körperlichen Auswirkungen eines spannenden Fußballspiels auf treue Fans: Sie verspannen den Körper, zucken, stöhnen auf, schlagen mit den Füßen aus, bewegen den Körper vor und zurück. – Sie verteidigen, greifen an und versuchen den Ball zu halten, als ob sie selbst Teil des Kaders wären.

Auch abseits des Fernsehsports wird jede mediale menschliche Regung – in abgeschwächter Form – mitempfunden. Denken Sie zum Beispiel an die Millionenshow: das Mitspielen, Mitraten und nicht zuletzt das Mitfiebern, das Ihnen hier geboten wird, hat Methode und gibt Ihnen die Möglichkeit „voll dabei" zu sein.

Fazit: Es macht einen enormen Unterschied, ob Sie Ihre Botschaft im Medium ruhig-gelassen, heiter-belebt oder kühl-distanziert vorbringen. Jeder innere Vorgang muss von den Menschen vor dem Bildschirm antizipiert werden. Egal, ob die sich das wünschen oder ob sie es als unangenehm erleben. Die Antizipation erfolgt automatisch.

Diese Tatsache ist ein ungeheurer Vorteil für Interviewpartner, die es verstehen, gezielt Gefühle zu ihrer Botschaft auf die Reise zu schicken. Wer tatsächlich Begeisterung für sein Thema empfindet und diese auch dem Publikum zeigen kann, begeistert Seherinnen und Hörer.

Auch in Tageszeitungen und Zeitschriften werden Emotionen mitgeliefert. Anmerkungen wie „verwies entschieden auf die Gesetzeslage", „zeigte sich überrascht von der Tatsache" oder „antwortete schnippisch" erzeugen emotionale Beteiligung bei den Lesenden.

Säule 4: Anleitung (Action)

Die vierte Säule – „Anleitung/Action" – hat zwei sehr unterschiedliche Seiten, wobei schwer zu entscheiden ist, welche der beiden die Schokoladenseite ist.

Zum Ersten ist Action wörtlich zu nehmen und steht für „Action am Set". Ihren Ausgang nimmt diese Gelegenheit, emotional zu punkten, in der Tatsache, dass sprechende Köpfe das mit Abstand Langweiligste sind, was das Fernsehen zu bieten hat. TV ist vom Charakter her visuell-symbolisch, das heißt: Es kann mit Bildern und anschaulichen Darstellungen mehr erreichen als mit Worten. Das bringt mit sich, dass mit Bildmontagen auch weit mehr und um vieles leichter Publikumsbindung erreicht werden kann. Für das Wort ist der Printbereich das geeignetere Medium.

Bitte schlagen Sie aber als „sprechender Kopf" in einer Fernsehsendung trotzdem nicht gleich jede Hoffnung in den Wind. Wir haben ja die vier Säulen, um das Wort TV-tauglich zu machen.
Die Inszenierung des Wortes im besten Sinne braucht Dinge wie Grafiken, Fotos, Produkte aller Art. Alles, was man in die Kamera zeigen kann, unterstützt und verdeutlicht, was Sie zu sagen haben. Ein in Österreich legendär gewordenes Beispiel dazu ist das „Haidertaferl". In zahlreichen TV-Wahldiskussionen wirkungsvoll zum Einsatz gebracht, hat es in Österreich Fernsehgeschichte geschrieben. Alles, was sich in eindrucksvolle und unbewiesene Zahlen gießen ließ, wurde auf kleinen Täfelchen festgehalten und von Jörg Haider dem Auge der Kamera – und damit dem Fernsehpublikum – dargeboten. Dass viele dieser eindrucksvollen Zahlenbilder sich im Nachhinein als verfälscht, übertrieben oder schlicht unrichtig erwiesen, konnte ihre Wirkung beim Publikum kaum schmälern, denn: Was für Menschen „sichtbar" wird, erfährt mehr Glaubwürdigkeit. Auch Sie selbst glauben eher, was Sie sehen. Die niedrigen menschlichen Instinkte, die damit verfolgt und angesprochen wurden, sind eine Sache, die an anderer Stelle diskutiert wurde und hoffentlich weiter diskutiert wird.
Doch abseits der politischen (Un-)Verantwortung Einzelner erinnern Sie sich vielleicht an die ungeheure Kraft und vor allem die immense Aufmerksamkeit, die diese „Action" bekommen hat. Für den jeweiligen Gesprächspartner war es kaum möglich, dagegen anzugehen.
Worte sind also bei Weitem nicht das stärkste Mittel, um Nachrichten attraktiv zu machen. Im Radio sind es Stimme und Geräuschkulisse, im Fernsehen Bild oder Bildmontage, die den Worten Leben und somit Emotionalität einhauchen. Journalisten suchen gezielt nach „wörtlichen Aussagen", die eine deutliche Emotionalisierung mitliefern.
Es muss ja nicht immer ein Taferl sein. Alles Angreifbare, Illustrierende, alles Herzeigbare ist Ihr medialer Bonustrack, wenn es darum geht, in Erinnerung zu bleiben.

Was immer Sie herzuzeigen haben: ein Buch, ein Bild oder eine andere Illustration, geizen Sie nicht mit Reizen, sondern versuchen Sie, das Meisterwerk ins Rampenlicht zu stellen. In die größte Auslage der Welt, ins Fernsehen.

Die zweite Schokoladenseite desselben Gesichts übersetzt „Action“ nicht wörtlich, sondern im Sinne von Handlungsrelevanz. Gemeint sind direkte, unverblümte Tipps, Ratschläge und hilfreiche Hinweise für die Menschen vor den Radios, TV-Geräten und Zeitungen. Jeder Mensch sucht Antworten auf Fragen, die das Leben aufwirft. Jeder sucht nach Auswegen in problematischen Situationen. Jeder hätte gern für sich die Lösung. Seien Sie derjenige, der Antworten gibt und Lösungen anbietet. Nennen Sie das beste Schädlingsbekampfungsmittel für Blattläuse nicht nur beim Namen, sondern sagen Sie den Zuseherinnen und Hörern, wo sie es erwerben können.
Jedes Medienunternehmen will diesen lebensimmanenten Anspruch seiner Kunden und Kundinnen abdecken. Den Menschen das Gefühl geben, „wir unterhalten dich“, „wir informieren dich“ und „wir retten dich“ oder, gelinder ausgedrückt, „wir helfen dir“.
Sehen Sie als Interviewpartner und Interviewpartnerin irgendeine Möglichkeit, die Menschen vor den Bildschirmen auf Vorteile hinzuweisen, die sie nützen können, oder auf Nachteile aufmerksam zu machen, die sie verhindern können, dann tun Sie es. Sie werden so zum Partner, zur Beraterin, zu jemandem, der sich „kümmert“. Servicesendungen sind ein wichtiges Standbein für den Medienmacher. Verbünden Sie sich mit ihnen und stehen Sie den Kunden mit Rat und Tat zur Seite.

Das Image

Das Image ist die Sammlung der Eindrücke, die wir beim Publikum hinterlassen, wenn wir vom Bildschirm, vom Podium oder aus einer Hörfunksendung wieder verschwunden sind. Das, was in Erinnerung an unsere Eigenschaften bleibt. Unsere üble oder im positiven Fall gute Nachrede.

Das Image

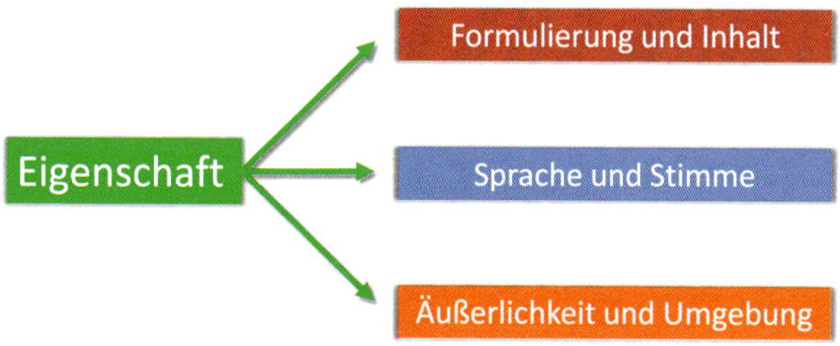

Das Image einer Persönlichkeit im Medium und bei öffentlichen Auftritten setzt sich aus wenigen Merkmalen zusammen. Wenn wir die wichtigsten Tools unter Kontrolle bringen, sie konservieren und „switchable", das heißt ein- und ausschaltbar machen, haben wir es geschafft. Dann können wir auf Befehl *natürlich sein.*
Gehen Sie davon aus, dass selbst Ihr Lebensgefährte oder Ihre Lebensgefährtin nicht mehr als drei Haupteigenschaften über Sie zu berichten weiß, wenn sie oder er schnell danach gefragt wird. Probieren Sie es selbst: Sie sind dran! Sie haben 10 Sekunden. Nennen Sie die drei wichtigsten Eigenschaften Ihres Partners oder Ihrer Partnerin!
Eben. Warum sollten Sie sich also für ein Medium abquälen und sich von Ihrer besten, schillerndsten und vor allem vielsagendsten Seite zeigen, wo doch so wenig genügt?

„Weniger ist mehr" ist hier die Devise. Aber dafür: bewusst und präzise.

Die positive Imageleiste

Sachverständig - menschlich - humorvoll. Oder: verbindlich - kreativ - gefühlvoll. Oder: nüchtern - clever - zielorientiert. Wie auch immer Sie gerne wirken wollen: Aller guten Dinge sind drei.
Die Zuschauer - aber auch die Zuhörerinnen eines Radiobeitrags - brauchen, um sich ein Bild von Ihnen machen zu können, unverwechselbare Zeichen, die einen eindeutigen Rückschluss auf Ihren Charakter erlauben.

Ob ich Ihnen als Zuseher vertraue und Ihnen Glauben schenke, ist nicht nur Sache Ihrer inhaltlichen Argumentation, sondern vielmehr Sache der Ihnen zugewiesenen Eigenschaften.

Beim Kauf eines Autos spielt bestimmt die Marke eine große Rolle, auch der damit verbundene Preis und Ihre Bedürfnisse sind Kriterien. Doch *bei wem* Sie kaufen, entscheidet in vielen Fällen die Sympathie oder was Sie im Zusammenhang mit einem Autokauf für sympathisch halten.
Auch im Medium ist Sympathie ein Produkt aus verschiedenen Ingredienzen. Da spielen die eigene Einstellung, die eigenen Werte, die Situation, der Grund der Unterhaltung und vieles mehr eine Rolle. Das Resultat „sympathisch" ist keine selbstständige Eigenschaft.
Ebenso verhält es sich mit der Bewertung „seriös". Seriös bedeutet schlampig übersetzt nicht mehr und nicht weniger als „ernst". Nur spielen für viele Menschen die Verbindlichkeit, die Natürlichkeit und der Sachverstand eine wesentliche Rolle, wenn sie das Prädikat „seriös" vergeben. In dieser Aufzählung ist „ernst" als expliziter Wesenszug gar nicht dabei.
Darum tun Sie gut daran, den Bierernst im Interview nicht als vorrangigen Charakterzug zu betonen. Sehr leicht werden Sie sonst als glatt, humorlos, verhärtet und unterkühlt bewertet. Eine solche Beurteilung wäre kein großer Gewinn, wenn Sie Menschen von etwas überzeugen wollen, oder besser gesagt: wenn Sie Menschen von sich überzeugen wollen.
Setzen Sie auf Merkmale, die in Ihnen sind. Sie sind kein Schauspieler, der eine Rolle trainiert, um den „Don Universal" oder die „Queen Donalds" zum Besten zu geben. Setzen Sie auf sich selbst. Beispiele für Politiker, die durch übermütige Spindoktoren zu Hampelmännern wurden,

weil sie etwas darstellen wollten, was nicht in ihnen war, sollen Sie darin bestärken. Denn: Um manche war es schade.

Nun zu Ihnen.

Ich nehme mal an, Sie verstehen etwas von dem, was Sie tun. Also sind Sie „sachverständig", ein Synonym für „kompetent". Dieses so beliebte Merkmal können Sie auf verschiedene Weisen in Umlauf bringen.

Image durch Formulierungen und Inhalte

Formulierungen

Formulierungen sind das geeignetste verbale Mittel, um den Wesenszug „sachverständig" herauszustreichen.

Jemand, der etwas von einer Sache versteht, verwendet Redewendungen wie:

> „Lassen Sie mich Ihnen Folgendes verdeutlichen!"
> „Es ist gar nicht so schwierig, lassen Sie mich versuchen, es Ihnen näherzubringen!"
> „Die Sache funktioniert wie folgt!"

Sie werden jetzt vielleicht denken, der Wagner spinnt, doch „lassen Sie mich die Sache auf den Punkt bringen"! Genau so einfach ist das.

Weitaus schwieriger ist es, die Formulierungen zu finden, die zu Ihrer Person passen, also die Redewendungen in die Argumentationen einfließen zu lassen, die Ihnen leicht über die Lippen gehen. Denn die Phrase muss nicht nur zu Ihrer gewählten Eigenschaft passen. Die Phrase muss auch zu Ihnen als Mensch passen, sonst kommt die „interne Grammatik" ins Wanken. Dann wirken Sie steif, und das ist vermutlich ein Wesenszug, den Sie nicht in Ihren Eigenschaftskatalog eintragen lassen wollen.

Der Begriff „interne Grammatik" bezeichnet Ihren ganz persönlichen Redestil. Dieser ist ein wertvolles Markenzeichen, denn die Art, wie wir sprechen, macht uns unverwechselbar. Kein anderer Mensch auf dieser Welt spricht genauso wie Sie.

Wenn Sie nun beginnen würden, Worte und Phrasen zu verwenden, die nicht aus Ihnen kommen, würden Sie hölzern, steif und unnatürlich klingen. Sie kennen diesen Effekt vielleicht von Firmenveranstaltungen, wenn der Betriebsrat oder die Prokuristin beginnen, ihren schriftlich vorbereiteten Text aufzusagen. Das kann nur ins Auge gehen oder muss zumindest unecht klingen.

Geschriebenes Wort entspricht niemals dem gesprochenen Wort. Dies hat für Ihren Medienauftritt nun zwei Bedeutungen: Wenn Sie etwas schriftlich vorbereiten, ob Argumente für Ihr Interview oder für eine Rede, schreiben Sie entweder nur Stichworte auf oder folgen Sie in einem Text der gesprochenen Sprache. Schreiben Sie ihn so vor, wie Sie eben reden. Gesprochene Sprache geschrieben zu sehen wirkt zwar meist entsetzlich, aber außer Ihnen selbst muss das gute Stück Papier ja niemand zu Gesicht bekommen.

Zum anderen bedeutet es, dass Sie, wenn Sie mit der richtigen Auswahl von Formulierungen ins Rennen gehen, gleichzeitig mit der Betonung auf „sachverständig" auch Ihre Eigenschaft „echt" betonen. Damit schlagen Sie zwei Fliegen mit einer Klappe. Denn die Treue zu Ihrer eigenen Sprache fördert Ihre eigene, ganz persönliche interne Grammatik. Dadurch lösen sich wie von selbst auch körperliche Verkrampfungen und die natürliche Körpersprache kehrt zurück. Stellen Sie sich diesen Effekt vor wie das Ablegen eines steifen Fracks, wenn Sie ihn gegen Ihren superweichen Lieblingspyjama eintauschen.

Zurück zum richtigen Formulieren von verbalen Image-Appetizern. Die Zuseherinnen und Zuhörer brauchen es. Das Leben ist voller Ablenkungen. Da ist Klarheit gefragt. Lassen Sie also keinen Zweifel an sich aufkommen und betonen Sie durch Formulierungen Ihre gewählte Eigenschaft. Wenn Sie „menschlich" auf Ihre Flagge geschrieben haben, müssen natürlich ein oder zwei passende Sätze, die diese Eigenschaft unterstreichen, fallen. Wie wäre es zum Beispiel mit „Vom Standpunkt des Vaters aus ..." oder „Wenn Sie mich persönlich fragen, dann rate ich Ihnen ..."?

Sie werden vielleicht denken, das wäre die selbstverständlichste Sache der Welt. Umso besser. Vergessen Sie nur gerade im Zuge eines medialen Auftritts nicht darauf, denn unter Stress reagieren Menschen wunderlich und vergessen gerade selbstverständliche Dinge. Darum, „wenn Sie mich persönlich fragen, rate ich Ihnen", sich zu Ihren drei Haupteigenschaften Phrasen auszuwählen und sie im Interview – und überall sonst, wo Sie vor Publikum auftreten – zu verwenden.

Wir haben nun zwei persönliche Merkmale mit Phrasen belegt. Zum einen „sachverständig", zum anderen „menschlich". Sie können bereits problemlos switchen, also zwischen unterschiedlichen Wesenszügen hin- und herschalten, ohne Gefahr zu laufen, sich vom gewünschten Eindruck zu entfernen. Dieses „Switchen" ermöglicht, mehrere Seiten von sich zu zeigen, ohne dies als Absicht auffällig zu machen.

Beispiel

Moderator: „Mit der Einführung des X haben wir auch eine Menge Unsicherheit importiert. Hätte sich das nicht verhindern lassen?"
Jetzt haben Sie die Wahl. Wollen Sie vorerst „menschlich" reagieren oder entscheiden Sie sich dafür, besonders „sachverständig" zu wirken? Ich entscheide hier für Sie und wähle „sachverständig". Das ist emotional ein bisschen distanzierter von den Zusehern und sorgt für einen geziemenden Abstand zwischen Ihnen, dem Publikum und dem Moderator.
Sie: „Lassen Sie mich versuchen, Licht ins Dunkel zu bringen. Die Einführung des X bringt mit sich, dass ..."
Bingo! Ganz abgesehen von Ihrem Standpunkt, Ihrer Meinung und Ansicht haben Sie den Experten souverän vorgezeigt. Nach der nächsten Frage entscheiden Sie, ob Sie noch mehr „Sachverstand" nachsetzen oder es lieber „menscheln" lassen, also switchen.
Moderator: „Das mag schon stimmen, doch die Verunsicherung vor allem bei der älteren Generation ist nicht von der Hand zu weisen!"
Damit macht Ihnen der Moderator die Entscheidung leicht. Sie gehen natürlich „menschlich" weiter. So kommen Sie in eine private Zone des Gesprächs und verringern fast unmerklich die scheinbare Distanz in der Dreiecksbeziehung Moderator, Publikum und Interviewpartner. Das schafft Vertrauen. (Gleich haben Sie das Auto verkauft.)
Sie: „Ich bin selbst ein Familienmensch, und darum möchte ich Ihnen zeigen, wie Sie mit der Sache X am leichtesten umgehen. Sie haben dadurch die Möglichkeit ..."
Jetzt können Sie im Modus „privat" bleiben oder wieder auf die Sachverständigenebene zurückgehen. Je nachdem, was die Situation Ihrem Ermessen nach verlangt.

Es ist natürlich nicht erforderlich, *jede* Antwort mit einer Eigenschaft zu versehen. Das wäre mühsam, und mit der Zeit könnte es die Zuseher langweilen, sich unentwegt anhören zu müssen, was Sie für einer oder eine sind. Wie bei jeder Methode ist die richtige Dosis wichtig. Diese unterscheidet sich von Gespräch zu Gespräch.

Es spielt auch eine erhebliche Rolle, welche Funktion Sie gesellschaftlich einnehmen. Sind Sie ein Prominenter, dann wird eher Ihr Privat- und Seelenleben von Interesse sein. Das Publikum interessiert, ob Sie wirklich so nett oder fies sind wie im Film. Sind Sie eine Expertin oder ein Interessenvertreter, wird eher von Interesse sein, welche Ratschläge Sie parat haben. Im Vordergrund steht dann die Frage, ob man Ihnen vertrauen kann.

Ich denke, Sie wissen nun, worum es geht. Um das Image abzurunden und vollständig zu machen, fehlt uns noch eine dritte Eigenschaft, zum Beispiel: „humorvoll".

Der Humor ist wie die Mode eine Geschmacksfrage. Trotzdem zählt er zu den beliebtesten Eigenschaften. Ein Mensch, der seinen Humor auch in schweren Zeiten nicht verliert, gilt als große Persönlichkeit. Die Differenzierung und deutliche Abgrenzung zu verwandten Bereichen wie Ironie, Sarkasmus oder Zynismus ist nicht zuletzt den Formulierungen vorbehalten.

Aussagen wie „Wenn wir das Problem mit einem lachenden Auge betrachten, sieht die Sache etwas anders aus. Da könnten wir auch sagen, dass ...!" oder „Wenn wir den Ernst der Sache kurz ausblenden, lässt sich die Angelegenheit auch so sehen, dass ...!" sind Formulierungen, die den nötigen Ernst vorübergehend an die zweite Position rücken, aber dennoch nicht verleugnen.

Wenn Sie sich nicht ganz sicher sind, ob Ihr „Schmäh" zieht – also Ihr Witz, Ihr Scherz, Ihre Anekdote beim Publikum ankommt –, ist ein umsichtiger Vorbote, wie oben, zielführend. Oder aber es tritt die Faustregel „If you doubt, cut it out" inkraft. Diese goldene Regel gilt nicht nur für den Fall der Unsicherheit bezüglich des Humors der Zielgruppe, sondern in allen Belangen des öffentlichen Auftritts.

Wenn Sie eine innere Stimme sagen hören: „Lass es sein, sag es besser nicht!", hören Sie auf sie. Ihr inneres Gefühl ist in diesen Fällen der beste Berater.

Menschen, die diesen inneren Ratgeber ignorieren, werden von anderen häufig als taktlos empfunden.

Zurück zum Humor. Wenn im Zuge des Interviews sonnenklar wird, dass jetzt risikolos Spaß angesagt ist, dann verdoppeln Sie den Effekt,

indem Sie nicht nur den Scherz ankündigen, in Form von Formulierungen wie „Da fällt mir ein Witz ein!" oder „Da kenne ich eine Anekdote!", sondern den Humor in Ihre Persönlichkeit als fix verankerte Eigenschaft einfügen. Das heißt: „Man kennt mich als jemanden, der auch in schwierigen Zeiten auf das Lachen nicht vergisst. Darum sei an dieser Stelle erwähnt, dass ...!"
Sie sprechen sich selbst die Eigenschaft „humorvoll" zu. Damit lassen Sie keinen Zweifel aufkommen. Das gilt natürlich auch für jedes andere Wesensmerkmal.
Sie haben nicht die Möglichkeit, mit einem Gesprächspartner so viel Zeit zu verbringen, dass dieser Ihren gesamten Facettenreichtum als Mensch kennenlernen kann. In vielen Fällen bleiben nur wenige Minuten Zeit, um sich kennenzulernen oder besser gesagt: „sich bekannt zu machen".

Sagen Sie, wer und wie Sie sind, bevor man Ihnen Eigenschaften unterstellt. Denn das ist die große Gefahr, wenn Sie für sich keine Eigenschaften formulieren.

Schnell bekommen Sie den Stempel „fad, nichtssagend, unbedeutend" aufgedrückt. Oder die Gerüchteküche sperrt auf. Und die Rezepturen, Slogans und Headlines kennt man: „Na ja! Bei dem weiß man nicht so genau!" oder: „Ich denk, die ist so eine ... na ja, du weißt schon ...!"
Sprechen Sie nicht nur darüber, was Sie Gutes *tun*, sondern auch darüber, wie gut Sie *sind*!

Inhalt

Wir haben einen wichtigen Punkt behandelt, der Ihnen behilflich sein wird, „sachverständig, menschlich und humorvoll" zu wirken. Doch die Formulierungen bleiben nicht allein. Ihnen stehen Inhalte zur Seite.
Diese sollten Ihnen, als jemandem mit Sachverstand, nicht schwerfallen. Ziel ist, dass jedem klar *wird*, dass Sie über etwas reden, das Ihnen klar *ist*. Dieser Rat erscheint Ihnen vielleicht profan. Doch glauben Sie mir: Sie sind so schnell bei einem Thema, das *nicht* Ihr Fachgebiet ist, wie Lucky Luke an seinen Colts.
Beobachten Sie, wie häufig Sie sich mit anderen beraten, austauschen, streiten oder auch einig sind, obwohl Sie im eigentlichen Sinn sachlich keine Ahnung haben. Das tut jeder Mensch! Wie oft ich schon darüber

geschwatzt habe, was ein gutes und was ein weniger gutes Auto ist, obwohl ich nicht den leisesten Dunst von der Sache selbst habe, sondern nur daherrede, was ich von jemandem anderen gehört habe oder mir die Werbung suggeriert hat. Doch zum Glück sind Gespräche wie dieses Privatsache. Privat höre ich mir auch gerne an, was mir meine geliebten Nachbarn, mein Wirt oder der Fleischhauer ums Eck über das Fernsehen erzählen. Doch in eine mediale Konfrontation verstrickt, würde ich sie versenken. Und mich selbst würde ein Autoverkäufer bloßstellen, noch bevor ich meinen ersten Satz beendet hätte.

Es ist wieder eine Redewendung, die deutlich macht, worum es geht: „Schuster, bleib bei deinem Leisten!" und - frei ergänzt - stelle ausdrücklich fest, dass du bei deinem Leisten bleibst!

Journalisten und Journalistinnen neigen dazu, ihre Gesprächspartner zu verführen. Sie lieben es, dieses und jenes Problem von der einen und der anderen Warte aus zu betrachten. Und schneller, als wir es im Eifer des Gefechts bemerken, sind wir weit weg vom sicheren Ufer: geben unsere Meinung ab, wo wir doch gut beraten wären, bei der Sache zu bleiben, von der wir tatsächlich eine ganze Menge verstehen.

Beispiel

Eine Expertin im Bereich Pharmazeutik im Interview. Ein brandneues Generikum wird präsentiert und über kurz oder lang landet das Gespräch beim Patienten. Ganz nach Plan des Journalisten.*

Journalist: „Wenn nun ein älterer Mensch Ihr Produkt nicht verträgt und darüber klagt, dass es längst nicht so hilft wie das Original, auch wenn es genauso gut ist! Was sagen Sie ihm?"

Pharmaexpertin: „Dass es lediglich psychisch ist. Vielleicht, weil das Produkt eine andere Farbe oder eine andere Schachtel hat, denk ich mal."

Die Verführung ist perfekt geglückt. Mit einer sogenannten Projektionsfragetechnik. Der Interviewer bringt es zustande, die Biochemikerin auf ein Gebiet zu führen, von dem sie keine Ahnung hat: das der Patientenpsyche. Wehe

---

* Generika sind Nachbaumedikamente. Wenn das Patent eines Medikamentes abläuft, wird es in der Folge durch ein Generikum ersetzt. Angenehmer Begleiteffekt: Das Folgeprodukt ist weit billiger als das Originalmedikament. Es sieht allerdings auch anders aus. Es ist also, als würden Sie eine Uhr tragen, die so präzise arbeitet wie eine Breitling, aber es steht „Meier" drauf. Außerdem hat die Uhr kein platinfarbenes, sondern ein erbsengrünes Zifferblatt.

dem, der einem älteren Menschen medial den falschen Rat gibt und sich so vor versammelter Zuseherschaft zum Scharlatan macht!
Journalist: „Wagt sich die Pharmaindustrie da nicht ein bisschen weit raus, älteren Menschen die Schuld daran zu geben, wenn Generika nicht taugen?"
Pharmaexpertin: „Es ist aber nachweislich ein psychosomatischer Effekt! Das Produkt hat absolut dieselbe Wirkung."
Anstatt das Weite zu suchen, versucht die Referentin zu retten, was zu retten ist. Doch leider im falschen Metier. Früchte in einem fremden Garten zu pflücken empfiehlt sich nur, wenn kein Mikro oder keine Kamera vor Ort ist. Jetzt hat der Interviewer freie Fahrt. Er hat aus einer Biochemikerin eine Hobbypsychologin gemacht.
Journalist: „Erstaunlich, wenn Sie sagen, es hat dieselbe Wirkung, wenn es doch nachweislich nicht dieselbe Wirkung hat, aber fast noch erstaunlicher, dass Sie Psychologin für ältere Menschen sind."
Pharmaexpertin: „Ich kann nur sagen, dass unsere Produkte ...!"
Doch dieser Zug ist abgefahren. Im gleichen Moment, in dem sich die gute Frau über ein Gebiet geäußert hat, von dem sie keine Ahnung hat, disqualifiziert sie sich auch für den eigenen Bereich. Nicht zur Gänze, aber das Image ist angekratzt. Sie hätte schon die erste Frage des Journalisten auch für sich nützen können. Denn wenn es falsche Wege gibt, gibt es auch richtige.
Lassen Sie uns also an die knifflige Stelle zurückkehren.
Journalist: „Wenn nun ein älterer Mensch Ihr Produkt nicht verträgt und darüber klagt, dass es längst nicht so hilft wie das Original, auch wenn es genau so gut ist! Was sagen Sie ihm?"
Pharmaexpertin: „Ich kann nur über das reden, wovon ich wirklich etwas verstehe. Und da ich seit Jahren in diesem Bereich forsche, in dem unser Unternehmen führend ist und mithilft, mit weniger Geld gleich viele Menschen gesund zu machen, bleibt mir nur die Tatsache festzustellen, dass das Gleiche drin ist."
Jetzt muss der Journalist den Psychologen spielen, da selbstverständlich die Tatsache „Bei manchen wirkt es nicht" noch im Raum steht. Also muss sich jemand damit beschäftigen. Da es die Expertin nicht tut, bleibt die Sache am Interviewer hängen – der den Verdacht ursprünglich herbeigeführt hat.
Journalist: „Kann das psychische Ursachen haben?"
Wunderbar! Jetzt kann die Interviewpartnerin alle Punkte auf einmal nach Hause holen. Ihr Boss, der gesamte Vorstand, ihre Familie, die Freunde, selbst der Fleischhauer ums Eck und ihr Autohändler werden sie lieben. Sie muss

nichts anderes tun, als weiterhin bei ihrem zu Leisten bleiben und darauf auch hinzuweisen.
Pharmaexpertin: „Weiß ich nicht. Ich bin Biochemikerin und das mit Leib und Seele. Mein Job ist es, Leben zu verlängern, Schmerzen zu lindern ...“

Reden Sie über das, was Sie wissen und können.

Und nur darüber – wenn Sie als Experte eingeladen sind. Als Prominenter können Sie getrost auch von Dingen reden, von denen Sie keinen blassen Schimmer haben. Denn als Prominenter ist man an Ihrer Privatmeinung interessiert. Als Fachmann oder Fachfrau wird von Ihnen verlangt, in einfachen Worten Sachverhalte auf den Punkt zu bringen.

Image durch Sprache und Stimme

Ihre Stimme klingt nun mal, wie sie klingt. Die eine bassig, die andere sopran. Der Reibelaut „W“ klingt dünn, dafür sind die Explosionslaute „P“ und „R“ voll da. Die stimmlosen und stimmhaften „S“ könnten differenzierter sein. Das „L“ ist spitz. Das „R“ rollt hinten rum.
Natürlich kann durch regelmäßiges Stimm- und Sprechtraining optimiert, verfeinert und verändert werden, doch lassen Sie uns davon ausgehen, dass Ihre Stimme und Ihre Sprache im Bereich „normal“ liegen. Im Bereich „normal“ hat jede Stimme ein Gesicht und ein Stimmbild. Und jeder noch so kleine Unterschied in der Sprache und der Stimme bringt unverwechselbare „Gesichts-“ und somit Charakterzüge ans Licht.
Sie kennen bestimmt beruhigende Stimmen, sanfte Klänge, verruchte Timbres und so weiter. Jeder Dialekt löst in Ihnen Sympathie- oder Antipathiegefühle aus. Es ist kein Geheimnis, dass viele Österreicher in Deutschland im Direktverkauf sehr erfolgreich sind, da ihre Sprache auf deutsche Staatsbürger vertrauenerweckend wirkt. Deutsche Manager müssen umgekehrt in österreichischen Medien mit emotionalem Widerstand rechnen. Also gehen Coaches, die mit ihren Klienten und Klientinnen vor diesem Problem stehen, zumeist den Umweg, den deutschen Dialekt durch österreichische Phrasen „aufzuweichen“, also sprachliche Eigenheiten mit sprachlichen Vertrautheiten in Einklang zu bringen.

Beispiel

Klaus Jochen Deutsch tritt vor die Medien, um bekanntzugeben, dass in der Firma Ö-Ton 350 Mitarbeiter entlassen werden müssen, da sich der Konzern in wie auch immer gearteten Schwierigkeiten befindet.
Sein deutsches Klangbild wird mit typisch Österreichischem kombiniert.
Klaus Jochen Deutsch: „Es ist die Konjunktur, die uns die Suppe versalzen hat! Wir sind durch die starke ... und die Konkurrenz aus dem Osten ... und ...! Deshalb sind wir, wie es so schön heißt, in der Sache ‚aufg'schmiss'n', wenn wir nicht ...!"
Durch die Vermischung zweier verschiedener Sprachformen, also der „fernen" deutschen Färbung mit der „nahen" österreichischen, durch ein Sprichwort beziehungsweise eine Redensart entsteht durch das Sprachbild ein eigenes Menschenbild – in diesem Fall das des Wahlösterreichers. Der fremde „große Bruder", mit all den entsprechenden Vorurteilen behaftet, gewinnt durch seine sprachliche Anpassung an Sympathie. Bemerkenswert ist, dass in diesem Fall die vielleicht etwas untypische Akzentuierung des fremden Sprichwortes auf Zuneigung stößt, weil der kleine Bruder den großen beeinflussen konnte. Ein kleiner Sieg des David. Unter diesem Eindruck lässt sich die schlechte Nachricht besser verkaufen.

Einfluss auf die Interpretation Ihres Sprachverhaltens nehmen selbstverständlich aktuelle Anlässe aus Politik und Wirtschaft in den Medien. Wenn Berlusconi verbal über die Deutschen herfällt, wird Italienisch weit weniger gute Assoziationen auslösen, als wenn Deutschland zuvor Italien mit 3:0 aus einem Fußballbewerb schießt.

Dialekt

Ähnlich geschieht es bei der Dialektfärbung. Die häufig gestellte Frage, ob im Rahmen öffentlicher Auftritte Dialekt gesprochen werden darf, ist schnell beantwortet. Im Grunde sollen Sie jene Sprache sprechen, die Ihnen liegt und mit der Sie Ihrer Persönlichkeit am nächsten kommen. Auch das Sprechen einer „fremden" Sprache – und das kann ohne Weiteres die Hochsprache sein – verändert Ihre interne Grammatik.
Sie werden – im Wortsinn – Ihren „Verstand verlieren", da Sie gewohnt sind, in Ihrer ureigenen internen Grammatik zu denken und zu reden. Wenn Sie nun eine andere, Ihnen *nicht* eigene Färbung wählen, müssen Sie davon ausgehen, dass sich ein Gutteil der Konzentration auf die

entsprechende Wortwahl und die notwendige Satzkonstruktion richtet. So passiert es häufig, dass im Zuge einer Formulierung alle Aufmerksamkeit darauf gerichtet wird, das notwendige Modalverb mit der zur Verfügung stehenden Präposition durch den Einsatz der Vorzukunft ...
Bleiben Sie also möglichst nah am eigenen Sprachbild. Und falls Sie gar nicht anders können (oder wollen), lassen Sie Ihren Dialekt zumindest durchschimmern. Das gibt Ihnen Sicherheit und bringt Ihre Wurzeln an die Oberfläche. Wo es Wurzeln gibt, gibt es auch Erde und die wirkt sicher und sympathisch.

Melodische, dynamische und temporale Akzente

In weiterer Folge spielen die melodischen, dynamischen und temporalen Akzente der Sprache in Ihre Imageleiste hinein.
Bleiben wir der Eigenschaft „sachverständig" treu. Ein Sachverständiger, sprich Experte, wird versuchen, Inhalte zu verdeutlichen. Er möchte seine Informationen verständlich machen und das Gefühl vermitteln, dass er weiß, wovon er spricht.
Dazu muss er in erster Linie darauf achten, dass das Sprechtempo stimmt. Der Modus „sachverständig" verlangt nach einem gemäßigten Sprechtempo, da es aus den erwähnten Gründen schwierig ist, im elektronischen Medium Sachverhalte zu vermitteln. Jedes Wort muss vom Rezipienten im Moment des Hörens in ein Bild verwandelt werden können. Das geht zwar vollautomatisch, braucht aber etwas mehr Zeit, als lediglich den Sinn der Sache so ganz allgemein zu verstehen.
Denken Sie nur mal an Spielanleitungen für Gesellschaftsspiele. In der Regel müssen Sie diese einige Male lesen, um sich ein so klares Bild machen zu können, dass Sie das Spiel angehen können.
Das soll für Sie nun nicht bedeuten, dass Sie in einem Interview wie unter dem Einfluss von Tranquilizern wirken sollen, sondern lediglich, dass Sie ein wenig langsamer reden, als es Ihrem Modus „Plaudern" entspricht. So wird allein durch das differenzierte Tempo Ihr Wille zum Sich-verständlich-Machen deutlich.
Die Melodie – die melodische Akzentuierung – hält sich bei „sachverständig" in Grenzen. Verzichten Sie also möglichst auf Oktavsprünge und Koloraturen. Die haben ihren festen Platz in der Oper. Zu starke Emotionen in der Sprachmelodie könnten die Sachebene verdrängen.
Die Lautstärke – die dynamische Akzentuierung –, in der Sie im elektro-

nischen Medium sprechen, sollte zwischen privat und „klein-öffentlich" liegen. Dazu sei festgehalten, dass es im Medium und bei öffentlichen Auftritten im Groben drei verschiedene dynamische Akzentuierungen gibt: „öffentlich", „privat" und „intim". Diese Bezeichnungen beschreiben die akustische Distanz zum Publikum.
Stellen Sie sich einen großen Platz vor. Wenn Sie sich etwa in Berlin auf dem Alexanderplatz befinden, werden Sie aus drei verschiedenen Gründen eines dieser drei Register ziehen: Wenn Sie auf der anderen Seite des Platzes Ihren Liebsten oder Ihre Liebste erblicken und ihn oder sie auf sich aufmerksam machen wollen, werden Sie das über das Volumen Ihrer Stimme tun. Sie werden Ihre Stimme „öffentlich" akzentuieren. Wenn Ihr Liebster oder Ihre Liebste dann nahe an Sie herangekommen ist, werden Sie sich mit ihm oder ihr vielleicht in einem normalen familiären Ton unterhalten, so wie Sie das aus Alltagsgesprächen gewohnt sind - Sie werden „privat". Und jetzt stellen Sie sich vor, Sie wollten ihm oder ihr einen Liebesschwur zuflüstern, den niemand in der Umgebung hören soll - dann werden Sie das Register „intim" ziehen.
Wie verwenden wir nun diese Register im Medium?

Beispiel

Gehen wir davon aus, dass Sie ein Mikrofon verwenden. Dieses ist mit den Reglern des Tontechnikers verbunden. Der wiederum sorgt dafür, dass Sie immer zu hören sind, egal ob Sie brüllen wie ein Löwe oder flüstern wie ein Geheimnisträger. Aus Ihrer Art zu sprechen wird die Absicht hörbar, an wen – also an welche Teile des Publikums – Sie sich wenden.

Der dynamische Akzent stellt also die Beziehung zum Publikum, die Sie anstreben, klar. Die Bezeichnungen „öffentlich", „privat" und „intim" geben bekannt, an wen und an wie viele Menschen gleichzeitig Sie Ihre Worte richten.

Wenn Sie im Medium laut und dröhnend verkünden, was Ihrer Meinung nach angesagt ist, wird der öffentliche Raum spürbar. Der Zuseher merkt, dass alle Sie hören dürfen oder hören sollen. Volksrednerinnen, aufgebrachte Gewerkschafter und enttäuschte Oppositionelle benützen diesen Raum gerne, um klarzumachen, wie ernst sie etwas meinen und von welcher Tragweite für jeden einzelnen Zuhörer ihr Thema ist.

„Gut gebrüllt, Löwe!" – Damit bringt es der Volksmund auf den Punkt. Der private Raum reicht von einer bis zu maximal zwei Armlängen. Er entspricht in der Regel der Lautstärke eines Tischgesprächs in häuslicher Umgebung – und nicht am Stammtisch um 3:00 Uhr früh, nach gewonnener Bundesliga. Mit diesem privaten Stimmdruck erreichen Sie eine phänomenale Wirkung. Sie stellen auf der akustischen Ebene eine private Beziehung her, selbst wenn Sie am Podium vor 1800 Leuten reden.

Vor allem das „Switchen" zwischen den Räumen öffentlich – privat – intim gibt Reden und Interviews eine besondere Note.
Wer immer nur „im öffentlichen Raum" spricht, vergibt sich viel. Auch wenn der öffentliche Raum *gar nicht* genützt wird, verlieren der Mensch und seine Botschaft. Durch das Switchen erwecken Sie den Eindruck, als würden Sie erst alle im Saal ansprechen und danach jeden noch einmal für sich. Im Fernsehen oder im Radio ist es ebenso effektvoll. Sie geben damit den Zuhörern und Zuseherinnen zum einen das Gefühl, zu einer Gruppe zu gehören, und zum anderen, auch persönlich angesprochen zu sein.
Der intime Raum wird selten eingesetzt. Im persönlichen Umfeld wird er zumeist dann verwendet, wenn andere nicht zuhören dürfen. Man neigt sich ein wenig zum Nachbarn hin und flüstert ihm eine Botschaft zu. Im Bett, also wenn sich Mann und Frau oder Mann und Mann oder Frau und Frau ... nach erfolgreicher Verschmelzung entspannt das Kopfkissen teilen und die gegenseitige Liebe beteuern, wird der intime Ton verwendet. Kaum jemand wird einen solchen Liebesschwur gut hörbar für die Nachbarn deklamieren.
Im elektronischen Medium wird der intime Raum selten verwendet. Umso schöner kann es klingen, wenn es jemand tut. Der intime Stimmdruck – fast ein Flüstern – gibt Hörern und Sehern immer das Gefühl, in etwas eingeweiht zu werden, das nicht für die Allgemeinheit gedacht ist. Sehr gut lässt sich der intime Ton mit Formulierungen, wie „darf ich ganz offen sein" oder „unter uns gesagt" zum Einsatz bringen. Obgleich es manchmal vordergründig wirkt: Der Effekt, sich dem Publikum über das normale Maß hinaus anzuvertrauen, bleibt.
Für unser vorgesehenes Merkmal „sachverständig" haben wir nun einen entsprechenden Verhaltenskatalog zusammengestellt. Der Vollständigkeit halber sei angemerkt, dass gemäßigtes Tempo und geringe

musikalische Akzente helfen, diese und verwandte Eigenschaften wie „dozierend" oder „gelehrt" auf ein gelungenes akustisches Fundament zu stellen. Ob Sie Ihre Botschaft nun an alle oder an jemanden Bestimmten richten, bleibt dem dynamischen Akzent überlassen.
Eine humorvolle Erzählerin wird, gleich an wen sie sich im Speziellen richtet, ihre Sprache anders gestalten. Sie wird das Tempo innerhalb einer Story variieren, verschiedene musikalische Kapriolen schlagen und den Stimmdruck der jeweiligen Sequenz anpassen. Sie wissen von sich selbst am besten, ob Sie das „akustische Zeug" zum Unterhalter oder zur Unterhalterin haben oder nicht. Auch die Inhalte sollten im Falle „humorvoll" den Geschmack des Publikums treffen.

Stimme

Es ist eine Tatsache, dass die Zahl der Frauen, die Radio- und Fernsehinformationssendungen moderieren, steigt. Helle Stimmen sind über das Medium besser zu verstehen. Die alte Mär von der tiefen, bassigen Männerstimme als dem Höchsten der akustischen Gefühle ist längst passé. Die Radiodays der dunklen, sanften Männertöne sind endgültig vorbei. Seien Sie also nicht traurig, wenn Sie ein glockenhelles Organ haben. Jede Stimme taugt etwas. Nur Störungen, die Sie selbst irritieren, sollten im Stimm- oder Sprechtraining beseitigt werden. Alles andere kann gut und gerne einen Beitrag zu Ihrem Image leisten.

Verhalten und Image

Image hat selbstredend enorm viel mit Äußerlichkeiten zu tun. Neben der Umgebung, in der Sie auftreten, und der Kleidung, die Sie tragen, spielt das Verhalten eine Hauptrolle in Sachen Imagevermittlung.
Zum Verhalten zählen alle nonverbalen Signale, die aus einer Person kommen und nach außen dringen, wie die Gestik, die Mimik und die Haltung. Erst in zweiter Linie sind es die Handlungen, die jemand bewusst setzt.
Wir unterscheiden zwischen „bewusstseinsnahen" und „bewusstseinsfernen" Handlungen. Während das Reden bewusstseinsnah ist, weil dazu der Verstand gebraucht wird, sind die Mimik, die Gestik und die Haltungen einer Person bewusstseinsfern. Somit sind die nonverbalen Signale *echter*, weil ursprünglicher als die bewussten Worte. Deshalb ist

es eine durchaus schlüssige Folge, dass den Äußerlichkeiten weit mehr Wert beigemessen wird, wenn es darum geht, sich ein Bild davon zu machen, wie jemand wirklich ist.
Es verunsichert uns zu Recht in unserem Eindruck, wenn das Verhalten eines Menschen nicht zu seiner Art zu reden passt: wenn jemand also beispielsweise davon redet, wie toll er eine Idee findet, und dabei in der Nase bohrt. Oder von „dringlich" und „unbedingt gleich umsetzen" faselt, aber dabei die Hände nicht aus den Hosentaschen nimmt.

Vertrauen Sie auf die Zeichen. Gehen Sie davon aus, dass jemand, der „Ja" sagt und „Nein" zeigt, auch „Nein" tut.

Wir können Sinneseindrücke nur nacheinander und niemals gleichzeitig wahrnehmen und auswerten. Auch beim Fernsehen haben Sie ausschließlich die Möglichkeit, nacheinander zuzuhören und zuzusehen.
In der Praxis schalten Sie sehr rasch zwischen Hören und Sehen hin und her, sodass der Eindruck entsteht, Sie könnten beides gleichzeitig. Leider nicht! Zum Glück geht das „Hin und Her" sehr schnell und macht keine lästigen Nebengeräusche. Wenn aber beispielsweise plötzlich ein köstlicher Duft aus der Küche an Ihre fernsehende Nase dringt, vergessen Sie für den Moment des Riechens am Braten, was jemand da im Fernsehen tut und sagt. Da sind Sie ganz und gar beim Backrohr.
Im Sprichwort „Eines nach dem anderen" liegt etwas Gutes. Es bringt sogenannte „Bild-Text-Scheren" ans Licht. Wenn der Text nicht zum Bild passt, verwerfen wir den Teil einer Nachricht, der für uns weniger aussagekräftig ist.

Beispiel

Sie „hören" im TV eine Politikerin, die über ein Sparprogramm redet und von Solidarität spricht. Davon, dass auch sie und ihre Kollegen und Kolleginnen den Gürtel enger schnallen müssen.
Beim „Zusehen" nehmen Sie einen Marmortisch und eine Rolex am Handgelenk der Politikerin wahr. Der Kommentartext erläutert die neue Gesetzesnovelle. Dazu sehen Sie die Frau, wie sie in einer schwarzen Limousine unter Blitzlichtgewitter entschwindet. In diesem Fall werden Sie kaum Vertrauen schöpfen, was das Thema „Solidarität" anbelangt, und es beschleicht Sie vermutlich das Gefühl, dass ausschließlich Ihr Gürtel enger geschnallt werden soll.

Alle anderen Äußerlichkeiten drängen von außen an die Person heran: die Kleidung, der Haarschnitt, Schmuck, Modeaccessoires. Auch die Umgebung zählt dazu. So spielt es eine erhebliche Rolle, ob ein Staatsmann sich im Falle einer Hochwasserkatastrophe am Schauplatz zeigt oder hinter seinem Schreibtisch. Ob er im dunklen Nadelstreif vor die Kamera tritt oder in Gummistiefeln durch den Schlamm stapft.

Wenn wir eine Person einschätzen, wird zuallererst das äußere Erscheinungsbild zur Bewertung herangezogen.

Hier schließt sich übrigens auch ein Kreis mit den Ausführungen im Kapitel „Metadialog" weiter hinten. In diesem wird klar, wie wichtig diese nonverbalen Botschaften auch dann sind, wenn es darum geht, mittels Interpretation von Verhaltensweisen den Verlauf eines Interviews zu bestimmen.

Körpersprache und Image

Um die Auswirkungen der Körpersprache erfolgreich in Szene zu setzen, sollten Sie sich im Vorhinein sehr genau überlegen, welche Eigenschaft Sie unterstreichen wollen. Welche Eindrücke sollen Ihre nonverbalen Signale beim Publikum hervorrufen?
Bleiben wir auch für die nächste Runde bei dem Attribut „sachverständig". Um passend zu agieren, müssen Sie wissen, was einen Sachverständigen ausmacht.
Bis hierher haben Sie schon jede Menge Zutaten gesammelt, um die Eigenschaft „sachverständig" zu betonen. Sie haben Ihre Formulierungen, Ihren Inhalt und Ihren dazugehörigen sprachlichen Modus.
Wenn Sie es sich einfach machen wollen, halten Sie diese Abfolge im Sinne von „sachverständig" ein und Ihre Äußerlichkeiten – Gestik, Mimik und Haltung – werden sich automatisch einstellen. Der Brite sagt: „Follow your nose and your ass will follow." Das heißt sinngemäß, Sie werden kaum die Formulierung „Lassen Sie mich versuchen, Ihnen dies und jenes näherzubringen" verwenden, im privaten Ton und völlig unbeeindruckt von Ihren verbalen und sprachlichen Maßnahmen breit grinsen und zusätzlich mit den Armen rudern. Im Normalfall wird sich Ihre Körpersprache den Absichten, die Sie schon durch

die Formulierung im richtigen Ton angekündigt haben, anpassen. Da eine Interviewsituation jedoch keinen „Normalfall" darstellt, kann es nicht schaden, ein wenig Augenmerk auf Ihren Bewegungsapparat zu legen, sodass Sie trotz Nervosität oder Ablenkungen am Drehort Ihre Linie nicht verlieren.

Der große Vorteil jener, die körpersprachliche Botschaften im Griff haben, liegt im somatopsychischen Bereich. Wahrscheinlich ist Ihnen der Begriff psychosomatisch schon untergekommen. Er beschreibt die Auswirkungen psychischer Verfassung auf die körperliche Befindlichkeit. Wenn Sie als Familienvater und Unternehmer beispielsweise gerade erfahren haben, dass Ihre Frau einen Liebhaber hat, Ihre Bilanzen Sie an den Rand des Konkurses drängen und Ihre jugendlichen Kinder zu Drogenexperimenten neigen, hängen Sie vielleicht nicht nur seelisch durch, sondern empfinden auch körperliches Unwohlsein. Bestimmt kennen Sie aber auch gegenläufige Erscheinungen, denn auch körperliches Unwohlsein nimmt umgekehrt Einfluss auf Ihre psychische Verfassung. So fühlt sich beispielsweise niemand durch Zahnschmerzen in euphorische Stimmung versetzt. Wenn Sie sich dagegen körperlich - also somatisch - wohl fühlen, geht es Ihnen in den meisten Fällen auch psychisch gut. Das ergibt in dieser Reihenfolge - erst der Körper, dann die Seele - die so bezeichneten somatopsychischen Effekte.

Probieren Sie es aus: Wenn Sie hektisch durch eine Einkaufsstraße rennen und Stress zu Ihrem zweiten Vornamen wird, zwingen Sie sich nur für eine Minute, langsam zu gehen, zu spazieren und ruhig ein- und auszuatmen. Ihre körperliche Aktivität wird dafür sorgen, dass Sie auch psychisch zur Ruhe kommen. Und für Ihre Umgebung werden Sie dabei auch ruhig und gelassen wirken.

Diesen Effekt können Sie für schwierige mediale Situationen nützen. Wenn Sie den roten Faden verlieren oder aus welchen Gründen auch immer aus der Fassung gebracht werden, finden Sie leicht wieder in Ihre geplante Rolle zurück, wenn Sie die erforderlichen Verhaltensweisen an den Tag legen. Danach werden sich auch der herbeigesehnte Gemütszustand und der erforderliche Text wieder einstellen.

Beispiel

Sie haben vor, im Rahmen einer Diskussion einen „gelassenen" Eindruck zu machen. Doch eine der anderen Teilnehmerinnen bringt Sie durch ihre

konstanten Sticheleien an den Rand des Herzinfarkts. In einem Amoklauf von Gemeinheiten beleidigt sie Sie und zieht Ihre Meinung nicht enden wollend durch den Kakao. Natürlich hat die Widersacherin vor, eine Entgleisung Ihrerseits zu provozieren.
Während der vorangegangenen Sticheleien haben Sie sich schon zum Gegenangriff gerüstet. Sie haben sich aus Ihrer gemütlichen Sitzposition aufgerichtet, die Konkurrentin ins Visier genommen und warten nur noch die richtige Gelegenheit ab, um sie fertig zu machen und sie wie eine Wanze zwischen Ihren Argumenten zu zerquetschen.
Wenn Sie auf diese Weise auf die Sticheleien der Diskussionsteilnehmerin reagieren, hat sie es geschafft: Sie hat Sie dazu gebracht, Ihr geplantes Image „gelassen" aufzugeben. Durch Ihre Reaktion schreiben Sie im Gegenteil „aggressiv", „cholerisch" und „unbeherrscht" auf Ihre Fahnen.
Wollen Sie Ihr Vorhaben, „gelassen" zu wirken, beibehalten, kann die entsprechende Maßnahme nur sein, nach der Attacke der Feindin die Grundhaltung „gelassen" auch wirklich einzunehmen und aus dieser heraus zu argumentieren. Sie lehnen sich also wieder zurück, entspannen Ihre Gesichtsmuskeln bewusst, schlagen einen friedvollen Ton an und beginnen beispielsweise mit der Formulierung: „Ganz nüchtern betrachtet, mit dem Blick fürs Wesentliche, möchte ich Folgendes sagen ...!"
Abgesehen davon, dass nun Ihre Gegnerin am Rande des Nervenzusammenbruchs steht, stützen Sie Ihre geplante Eigenschaft und lassen sie durch Ihre Körpersprache für die Zuseher sofort offensichtlich werden.

Menschen, die in schwierigen Situationen ihrem Image entsprechend reagieren, sind verlässliche Partner und Partnerinnen.

„Sachverstand" hat deutliche Signale abseits der Worte und Töne. Experten und Expertinnen sind dazu da, Sachverhalte zu verdeutlichen. Wir haben das im Kapitel über die verschiedenen Rollen im Interview besprochen. Um etwas aufzuzeigen oder etwas zu klären, braucht es beschreibende Gestik, eine gewogene, dem Gesprächspartner leicht zugeneigte Haltung und eine am Tatbestand interessierte Mimik.
Sie sollten also während Ihren Ausführungen weder lustige Grimassen schneiden noch gelangweilt gähnen, sondern auf Ihre persönliche Art und Weise deutlich Interesse am Thema zeigen.

Die Hände sind dazu da, zu unterstützen und zu unterstreichen, was Sie sagen.

Was sich gut mit den Händen zeigen lässt

„Dass etwas zwei Seiten hat" zum Beispiel oder „sich der Kreis schließt", dass etwas „gerade" oder „schief" verläuft, ein Projekt „in einem Stück" oder „auf Etappen" durchgeführt wird: All das lässt sich sehr einfach darstellen. Nützen Sie die Gelegenheit und lassen Sie Ihr Verhalten Ihre Inhalte begleiten.

Niemals sollen Sie dem Irrglauben verfallen, im Medium Fernsehen dürfe man sich nicht bewegen. Das ist Unsinn und hemmt sehr viele gute Gesprächspartner im TV oder am Podium. Wer seine Körpersprache unterdrückt – also den Körper einsperrt –, wird die Rechnung in Form von Scheingestik präsentiert bekommen.

Scheingestik ist ein Ersatz für unterdrückte Bewegung und hat fatale Auswirkungen. Sie funktioniert ähnlich einem Druckkochtopf. Wenn Sie versuchen, Gestik einzusperren, indem Sie konstant Kontrolle über Ihre natürlichen Bewegungen ausüben, sucht sich der Körper einen Weg, um die unterdrückten Signale durch Ersatzhandlungen auszugleichen – so wie Sie das Ventil des Druckkochtopfs öffnen, um eine Explosion zu verhindern.

Sie bewegen also durch den Zwang, den Sie sich selbst auferlegen, Ihre Hände weniger, doch Ihre Beine revoltieren beispielsweise, indem sie zu schunkeln beginnen, zappeln und wippen. So lässt Ihr Körper den aufgestauten Dampf ab.

Jeder Mensch ist bei einem öffentlichen Auftritt aufgeregt. Durch Routine vermindert sich die Nervosität, doch sie verschwindet niemals ganz. Für diese Situationen stellt Ihnen Ihr Organismus Adrenalin zu Verfügung. Dadurch steht Ihnen ein erhöhter Energiepegel zur Seite, der dafür sorgen soll, dass Sie auftretende schwierige Situationen schnell und reibungslos meistern.

Diese natürliche, zusätzliche Kraft in Ihnen will auch benutzt werden. Wenn Sie versuchen, so zu tun, als gäbe es sie nicht – und zum Beispiel versuchen, ultracool zu wirken –, wird sich Ihr Körper verhalten wie ein zugedecktes Gefäß auf einer heißen Kochplatte. An allen Ecken und Enden beginnt er zu zischen, zu scheppern und überzulaufen, also Signale abzugeben, die während eines öffentlichen Auftritts wenig wünschenswert sind.

Sie können es in Ihrem privaten Umfeld ausprobieren: Versuchen Sie beim nächsten Besuch in Ihrem Lieblingskaffeehaus während der Bestellung völlig bewegungslos zu bleiben. Sie werden sich steif, unnatürlich und „entmenscht" fühlen. Ihre Sprache wird leer und Ihr Ausdruck hohl werden. Und natürlich werden Sie beim Kellner einen bemerkenswert seltsamen Eindruck hinterlassen.

Oder: Versuchen Sie einmal, im Smalltalk bei einer Party keine Körperbewegung zuzulassen. Sie werden bemerken, dass Sie unterdrückte Bewegungen mit erhöhter mimischer Anteilnahme kompensieren, fortwährend das Gewicht von einem Bein auf das andere verlagern oder zur sprichwörtlichen Salzsäule erstarren. Denn auch Verkrampfung fällt unter den Begriff Scheingestik. Als Ersatz für notwendige Bewegung bekommen Sie zum Beispiel den Hals nicht mehr locker. Herman Munster lässt grüßen.

Hoffentlich haben Sie zu Beginn der Neunzigerjahre kein konventionelles Rhetorik- oder Präsentationstechnikseminar besucht. Mit großer Wahrscheinlichkeit hätte man Ihnen da beigebracht, die kleinsten Bewegungen Ihres Körpers zu kontrollieren. „Machen Sie mit der rechten Hand das und mit der linken das und dann den Arm und dann die Drehung und ...!"

Wenn Sie jemals doch unter einer derartigen Veranstaltung zu leiden hatten, versuchen Sie diese aus Ihrem Gedächtnis zu streichen! Menschen verfügen über die Gabe, durch ihren Körper zu sprechen. Jemand, der weint, braucht nicht lange zu erklären, dass er gerade traurig ist. Jemand, der lacht, leidet zurzeit vermutlich nicht unter depressiver Verstimmung.

Ich weiß, dass nicht alle äußeren Kennzeichen so eindeutig sind und auch verwandte Eigenschaften oder Befindlichkeiten zeigen können. Doch für diese bleiben Ihnen ja auch noch Ihre Worte, um jeden Zweifel auszuräumen. Wenn Sie also vor Kälte zittern, können Sie darauf hinweisen, dass Ihnen kalt ist – und schon sind Verwechslungen mit Angst oder Schüttelfrost ausgeschlossen. Wenn Eltern vor den Augen Ihrer Kinder aus Rührung Tränen vergießen, sagen sie auch einfach „Ich bin so glücklich ...!", und schon ist alles klar.

Auch Ihre Sprache verändert sich durch unterdrückte körperliche Signale. Sie verlieren Ihren natürlichen Stimmsitz und Ihre persönliche, interne Grammatik. Sie reden plötzlich auf eine etwas künstliche und

abgehobene Art und Weise. Dadurch klingen Sie, als würden Sie ein zu enges Sakko tragen und sich nicht recht wohl darin fühlen.
Selbst Radiomoderatorinnen und -moderatoren müssen lernen – trotzdem sie für den Hörer unsichtbar bleiben –, mit dem ganzen Körper zu erzählen. In neuen, zeitgemäßen Studios wird dafür gesorgt, dass die Moderatoren bei der Arbeit stehen können. Dadurch bekommen sie mehr Bewegungsfreiheit und können mit Händen und Füßen ausdrücken, was sie erzählen, damit bei Ihnen als Zuhörer die Botschaft lebendig und authentisch ankommt.

Wer „echt" sein will, kann einen Auftritt nicht damit beginnen, seine Anlagen zu verstecken. Das hieße, eine Beziehung mit einer Lüge zu beginnen.

Umso natürlicher und selbstverständlicher wirken Sie auf Ihr Publikum, wenn Sie Ihre Körpersprache zulassen und nicht danach trachten, einem unsinnigen, längst überholten Gesetz der verordneten Steifheit zu gehorchen.
Vielleicht haben Sie manchmal das Gefühl, dass Ihre Hände linkisch, Ihr Körper schwerfällig und Ihre Mimik sonderbar agieren. Das ist nicht weiter schlimm. Sie erleben Stress. Denken Sie immer daran, dass Ihr Verhalten für die Zuseher so lange normal wirkt, wie Sie Ihr Gesicht, Ihre Hände und Ihren gesamten Körper mitmachen lassen.
Das Gefühl der „Unnatürlichkeit" ist völlig natürlich, denn ein Interview zu geben oder an einer Podiumsveranstaltung teilzunehmen, hat nichts „Natürliches" an sich. Sie stehen unter Beobachtung und deshalb wollen Sie „gut reden", „gut deuten" und vor allem „gut wirken". Dieses Streben ist einer Situation vergleichbar, in der Sie quer über einen sonnendurchfluteten, öffentlichen Platz gehen, während Sie sich von tausend Augenpaaren verfolgt fühlen. In dem Moment, in dem Sie versuchen, Kontrolle über Ihren Gang auszuüben, spüren Sie Ihre Beine und das Gehen wird zu einer unlösbaren Aufgabe. Für Beobachter spielt Ihr Gefühl keine Rolle. Im schlimmsten Fall fühlen Sie sich elend. Für das Publikum wirken Sie trotzdem „ganz normal".

Das Image und äußere Zeichen

Die äußeren Merkmale einer Person sind im visuellen Medium selbstredend von enormer Bedeutung. Das gilt ebenso für öffentliche Auftritte und selbstverständlich auch für Ihr Pressefoto. In Bruchteilen einer Sekunde wird klar, „was für eine" oder „einer" Sie sind. Da braucht noch kein Wort gewechselt zu sein, steht fürs Erste fest, in welche Schublade Sie gehören.

Denken Sie daran, wie oft Sie einen anderen Menschen ob seiner Erscheinung beurteilen müssen. Es bleibt Ihnen oft gar nichts anderes übrig: Vertrauen Sie einem Menschen, ja oder nein? Lassen Sie sich von jener Bergführerin führen, kaufen Sie von diesem Mann ein Auto? Bei Jugendlichen zeigt sich die Schubladisierung nach Äußerlichem mit aller Gewalt. Wehe dem „Punk", der zu später Stunde eine Horde „Skins" trifft. Ewig schade um die große Liebe, wenn Romeo ein „Skater" ist, dem die Hose bei den Knien hängt, und Julia mit hautengem Hochglanz-Beinkleid zu den „Gangsta" gehört. Im Falle von Shakespeares Liebespaar hätte eine solche unüberwindbare Hürde das Überleben beider Protagonisten garantiert.

Es liegt in unserer Natur, an der Nasenspitze eines Menschen zu erkennen, um welchen Typen oder welche Typin es sich da beim Visavis handelt. Natürlich sind Irrtümer nicht ausgeschlossen. Aber da trägt nicht der Beurteilende die Schuld, sondern vielmehr derjenige, der beurteilt wird. Denn im Grunde gibt es für jede Eigenschaft die richtige Uniform. Das bringt für Sie große Vorteile mit sich. Schon im Vorfeld des Gesprächs, des Vortrags oder des Interviews können deutliche Signale gesendet werden, die für Ihr Image maßgeblich sind.

Wieder gilt, vorab zu entscheiden, welche Eigenschaft Sie betonen möchten. Das Etikett „sexy" lässt Sie im Kleiderkasten bestimmt anderswo hinlangen als das Image „konservativ". Denken Sie daran, den Anlass und das Umfeld einer Veranstaltung in Ihre Vorbereitung mit einzubeziehen. Wenn Sie zum Erotik-Festival gehen, wirken Sie im Minikleid eher konservativ, während das gleiche Outfit am Opernball zu einem Skandal führen kann.

Zurück zu unserem Bestseller „sachverständig". Bleiben wir beim Bild der Expertin. Gerade für Frauen liegt die Latte für die Eigenschaft „sachverständig" hoch. Wollen Sie als Expertin im Medium ernst genommen werden, verzichten Sie auf Haut. Das soll nun nicht bedeuten, dass Sie in

Ritterrüstung auftreten müssen, aber hochgeschlossene Kleidung ist eine Maßnahme, die Ihren Inhalt schützt. Jede Ablenkung untergräbt Ihre Funktion als Sachverständige. Und nackte Haut lenkt Zusehende ganz besonders von Ihren Ausführungen ab. Also sollte Ihre Wahl auf einen Kleidungsstil fallen, der Ihren Inhalten nicht im Wege steht.
Auch Männer, die „zu gut angezogen", also overdressed erscheinen, verlieren für Rezipienten ihre Qualifikation. Am zielführendsten ist es im Falle eines TV-Interviews, zu fragen, was der Moderator oder die Moderatorin trägt - so wie Sie nicht falsch liegen können, wenn Sie zu einer Party eingeladen sind und sich zuerst erkundigen, was die Gastgeber tragen.

Farbe der Kleidung

Was Ihnen zu Gesicht steht, ist von hier aus nicht zu beurteilen, doch gibt es jede Menge Gesetzmäßigkeiten, die Ihnen Ihre Entscheidung leichter machen können.

Kontur durch Kontrast

Achten Sie im Fernsehen auf den Hintergrund und besonders darauf, dass dieser Sie nicht „stiehlt". Sie wollen ja kein schwarzes, blaues oder wie immer geartetes Theater machen, sondern gut und somit leicht fassbar bei den Zusehern ankommen.
Stellen Sie sicher, dass Ihre Persönlichkeit gut zur Schau gestellt werden kann. Zeigen Sie Kontur, indem Sie Kleidung wählen, die sich vom Hintergrund abhebt. Falls Sie an einem fremden Ort gefilmt oder fotografiert werden, kann es leicht sein, dass Sie wegen Ihres Outfits in Verlegenheit geraten. Dann lässt sich jedoch der Ort und somit der Hintergrund verändern. Bestehen Sie darauf! Nötigenfalls können Sie durch eine einfache Maßnahme den Hintergrund um eine Pflanze oder ein Bild bereichern.
Als schlechtes Beispiel seien Ihnen Interviews mit Ärzten in Spitälern eine Lehre. Regelmäßig schleicht sich während dieser Aufnahmen leichte Übelkeit ein. Nicht, weil es sich um ein Spital oder eine Ärztin handelt, sondern dadurch, dass sich jemand im weißen Mantel vor zumeist weißen Wänden filmen lässt. Das führt zu dem Phänomen, dass der Körper geschluckt wird und es den Anschein gewinnt, Herr oder Frau Doktor bestünde nur aus Kopf und Händen.

Schwarz schluckt den Körper

Schwarz mag auf den ersten Blick die Rundungen verbergen, doch gleichzeitig nimmt es das Gefühl für die dritte Dimension. Darum wird Schwarz oft zum Bumerang, denn das Interesse für Ihren Körper steigt, nicht weil er schlanker aussieht als in Beige, sondern weil der Zuseher neugierig auf die „Wahrheit" wird. Dazu kommt, dass man in einem direkten Gespräch die Chance hat, die Blicke der Gesprächspartner durch Augenkontakt im Zaum zu halten, doch auf einem Podium oder im Fernsehen sind Sie den Untersuchungen des Publikums gnadenlos ausgeliefert.

Trauer oder andere Zwänge einer Veranstaltung setzen diese Tipps außer Kraft. Wenn Sie den Wiener Opernball besuchen und als Mann einen schwarzen Frack tragen, können Sie nichts falsch machen. Diese „Uniformen" machen die Wahl der Kleidung einfach. Auch die existentialistische Literatin und der asketisch-versonnene Modeschöpfer brauchen sich keine Gedanken zu machen, ob sie typgerecht eingeschätzt werden, wenn sie sich in tiefes Schwarz hüllen.

Wenn Sie Schwarz durch Accessoires brechen – durch Tücher, Blusen, Krawatten, Strümpfe oder Taschen –, erleichtern Sie dem Betrachter die Wahrnehmung.

Mit Grautönen können Sie punkten

Da liegen Sie nie falsch. Außer, Sie sind ein sogenannter Herbsttyp und die Farbe steht Ihnen einfach nicht. Es gibt viele verschiedene Grautöne, die toll wirken.

In Fernsehstudios sind es vor allem helle Grautöne, also zum Beispiel Staubgrau. Speziell in Informationssendungen, wenn Sie zu einem Studiogespräch geladen sind, wirkt Grau bestens.

Der Grund ist einfach: TV ist zweidimensional. Die dritte Dimension „erfinden" wir in unserem Kopf. Erleichtert wird uns diese Illusion durch Kontraste. Da Informationsendungen sehr oft in der Farbgebung der Hintergründe im Studio blau gehalten sind, hebt sich helles Grau gut ab und erleichtert den Effekt einer dritten Dimension.

Brauntöne beziehungsweise Erdfarben sind warme Farben

Diese eignen sich für Herbsttypen ausgezeichnet. Von Lehm bis Harz zeugen diese Töne von emotionaler Wärme. Es sind freundliche Farben.

Der Ernst steht nicht im Vordergrund. Wollen Sie also als Topmanager „menschlich" wirken, stellen Erdfarben eine gute Wahl dar.
Wenn Sie folglich „sachverständig" und „menschlich" auf Ihrer Fahne stehen haben, können Sie äußerlich „menschlich" zeigen und inhaltlich „sachverständig" betonen.

Blau ist ein Klassiker
Für den Fall, dass Sie Blau im Studiohintergrund haben, ist aus Gründen der schon erwähnten Selbstauslöschung davon abzuraten. Minister, die dem Blau nicht entsagen können, helfen sich mit Kontrasten zu Hemd und Krawatte. Eine professionelle Möglichkeit, doch, wie gesagt, ein Klassiker und für viele Themen ein Bremser, denn Innovationen, Neuerungen und Zukunftspläne sind im dunkelblauen Zweireiher schwer zu verkaufen. Denn wer fürs Erste den Stempel „konservativ" aufgedrückt bekommt, wird sich in der Folge schwertun, seinen visionären Geist in Szene zu setzen.

Machen Sie sich's leicht. Betonen Sie mit der Kleidung Ihre Meinung.

Rot ist die Farbe der Leidenschaft
Eine Ministerin für Infrastruktur wird es nicht leicht haben, im knallroten Kleid den Bau des neuen Tunnels aufgrund ihrer Fachkundigkeit durchzusetzen. Bei Männern kennt man die Farbe Knallrot lediglich von Musikkapellen, die in der Ballsaison auftreten und klingende Namen wie „The Red Jokers" tragen. Für Krawatten oder Tücher kommt Rot für Männer aber allemal in Frage.
Zu „knalliges" Rot birgt die Gefahr, dass es im Fernsehen zu „pumpen" beginnt. Wie auch bei sehr klein karierten Hemden oder Sakkos kann das elektronische Gehirn des Bildschirms dann nicht mehr klar „denken" und das Bild beginnt zu flimmern.
Sanftes Rot bringt hingegen als farblicher Impuls immer Leben ins Gespräch. Von Bordeaux bis Ziegelrot bereichert es die Persönlichkeit und setzt als Accessoire wertvolle Akzente.

Weiß ist keine Farbe
Weiß ist ein Zitat. Es spricht über Reinheit, das Unendliche, die Jungfräulichkeit und nicht zuletzt über ein Leben ohne Makel. Ein bedeutsamer

Modeschöpfer sagte einst: „Nur ungetragene Westen sind weiß." Weiß sollte daher unbedingt farblich gebrochen werden, für Frauen zum Beispiel durch eine bunte Bluse oder ein farbiges Tuch. „Ganz in Weiß mit einem Blumenstrauß" dürfen Sie nur als Braut bei Ihrer eigenen Hochzeit erscheinen. Für Männer passen weiße Anzüge nur dann zu einem gesellschaftlichen Anlass, wenn sie sich in der Gesellschaft kolumbianischer Drogendealer bewegen.

Gemustertes

Kleine Karos, schmale Streifen und Kleingemustertes sind für Kameras oft schwer festzuhalten. In manchen Einstellungen beginnen die Stoffdrucke zu flirren. Das macht die Zuseher kribbelig. Manche halten diesen Effekt für eine Bildstörung und verlieren durch Gedanken an die Reparaturkosten des TV-Gerätes ihre gute Laune.
Sie können selbst testen, ob Ihre Stoffe kameratauglich sind, indem Sie das betreffende Kleidungsstück mit ausgestreckten Händen langsam vor sich hin und her bewegen. Beginnt das Material vor Ihren Augen zu verschwimmen, müssen Sie es nicht gleich entsorgen. Verwenden Sie es für einen Auftritt im Radio.

Das Material der Stoffe

Auch das Material der ausgewählten Kleidungsstücke spielt eine wesentliche Rolle. Ob Sie Cord oder Seide tragen, macht einen riesigen Unterschied. Eines sollte Ihnen klar sein: Je strukturierter die Oberfläche, desto angenehmer sind Sie in visueller Hinsicht für das Publikum. Je glatter, desto glatter. Das leuchtet ein. Zu „seidige" Oberflächen reflektieren das Licht je nach Einfall sehr unterschiedlich. Das bedeutet, dass sehr helle und sehr dunkle Stellen nebeneinander entstehen können. Der Faltenwurf entscheidet über Licht und Schatten. Matte Oberflächen sind da deutlich leichter auszuleuchten.

Zubehör und Ihr Image

Krawatten gehören zu den liebsten Spielgefährten von Hemd und Sakko. Sie können ruhig als erfreuliche farbliche Unterstützung dienen, sollten jedoch nicht die Hauptrolle übernehmen. Verzichten Sie auf Schlipse, die mit kleinen Geldbündeln, Chevrolets, Schweinchen oder Ähnlichem be-

druckt sind. Der Humor hält sich beim Betrachter in Grenzen. Außerdem ziehen Symbole die Aufmerksamkeit auf sich und somit ab vom Wort. In weiterer Folge werden die Symbole mit Ihren Inhalten und Ihren Wesensmerkmalen in Verbindung gebracht. Wenn Sie also als Finanzdirektor mit der oben erwähnten Chevroletkrawatte ins mediale Feld ziehen, kann es leicht sein, dass Ihr Spargedanke skeptisch betrachtet wird.
Nebenbei haben Krawatten die Eigenheit, mal zu lang und mal zu kurz zu sein. Beides sieht erbärmlich aus. Achten Sie auf die richtige Länge. Sowohl im Sitzen als auch im Stehen. Wenn Sie im Sitzen ein Interview geben oder ein Foto von sich machen lassen, kann die Krawatte ganz anders aussehen als einen Augenblick zuvor im Stehen vor dem Spiegel. Werfen Sie vorsichtshalber einen Blick darauf, bevor es losgeht, denn eine Krawatte, mag sie noch so geschmackvoll sein, ist Anlass permanenter Heiterkeit, wenn sie zwischen die Beine bis zum Stuhl reicht oder im Stehen oberhalb des Nabels endet. Wenn Sie eine Sequenz im Stehen und eine im Sitzen drehen, binden Sie die Krawatte einfach entsprechend neu.
Eine Fliege hat immer etwas Exzentrisches – manchmal bis hin zum Komödiantischen. Sie lässt Sie eigenwillig erscheinen, ob Sie nun „Theo Lingen" oder „Wolfgang Schüssel" heißen. Nach immensen Schwierigkeiten beim Amtsantritt des österreichischen Ex-Bundeskanzlers sorgten seine Gegner für Häme, indem sie Buttons und Aufkleber mit durchgestrichener Fliege verteilten. Wolfgang Schüssel verzichtet seither auf dieses Markenzeichen. Bei Staatsempfängen und Opernbällen können Sie getrost eine Fliege tragen. Da werden die Regeln durch die Ausnahmen bestätigt.
Für Interviewpartnerinnen in den Rollen der Expertin oder Interessenvertreterin bieten Tücher oder Schals die Möglichkeit, Aufmerksamkeit zu erregen, ohne Fragen aufzuwerfen, die die Konzentration der Rezipienten auf sich und von ihrem Inhalt weg ziehen. Farbe ist ein gutes Transportmittel für Stimmungen. Deshalb sollte die Farbe des Tuches oder des Schals auf den Inhalt der Botschaft und die gegebenen äußeren Anlässe und Umstände abgestimmt sein.

Dinge und Ihr Image

Die Auswahl der Accessoires für Männer hält sich in Grenzen. In der Regel beschränkt sie sich auf Uhren und Ringe. Das macht es einfach. Im

Wesentlichen ist darauf zu achten, dass das „Zubehör“ nicht aus der Reihe tanzt. Details sollen das Ensemble abrunden oder komplett machen, doch keinesfalls hervortreten. Protzige Uhren, schillernde Nadeln oder zu viele Ringe sind „proll“. Devise: „Der, der angibt, hat's nötig.“ Auch für Frauen gilt: Lassen Sie Ihre Accessoires durch Bescheidenheit glänzen. Der Siegelring am kleinen Finger mit langem Nagel und die Spiegelbrille in der haarwachsnassen Dauerwelle sollen als abschreckende Beispiele hier nicht unerwähnt bleiben.

Der Ehering, so schlicht er auch sein mag, bringt angenehme Begleiterscheinungen mit sich. Er weist vor allem männlichen Trägern die Eigenschaften familiär, fürsorglich und verantwortungsvoll zu. Wenn Sie also bei öffentlichen Auftritten Ihre erste Gestikulierhand, auch die Schreibhand genannt, vor den Augen Ihrer Zuseher tanzen lassen, ziehen Sie dieser einen Ring über. So mancher Junggeselle poliert durch einen Ehering sein Image auf diese einfache Art und Weise auf.

Brillen machen Sie klug. Das unverwüstliche Spekuliereisen als Beweis für Ihren Intellekt bringt Pluspunkte. Noch immer besteht ganz tief in uns das Vorurteil, eine Brille würde automatisch auch zum Lesen benutzt. Dass Sie tatsächlich bloß ein Sehdefizit behebt, ist zweitrangig. Als Bonus erhöht sie zusätzlich die sittliche Festigkeit des Trägers – in den Augen des Betrachters, versteht sich. Im privaten Umfeld gilt dieser Effekt weniger: Wenn Sie täglich um 7:00 Uhr morgens vom Büro nach Hause kommen, genügt es kaum, als Beweis Ihrer Treue eine Brille aufzusetzen – ganz gleich, ob Frau oder Mann.

Auch Brillen in originellen Farben und Formen haben die oben angeführten Eigenschaften und werden zusätzlich als modisch eingestuft. Ob Sie als Paradeintellektueller, Marke Woody Allen, oder als Zeitgeistarchitektin brillieren, entscheidet das jeweilige Modell.

Fragen Sie in jedem Fall den Kameramann, ob Ihre Brille spiegelt. Denn das Spiegeln unterbricht den Blickkontakt mit dem Zuseher. Ein unterbrochener Augenkontakt führt zur Misstrauensbildung. Nach wie vor gelten die Augen als Fenster zur Seele und geben scheinbar Einblick in Ihr Wesen.

Das gibt gleichzeitig die Antwort auf die noch nicht gestellte Frage: Sonnenbrillen? Antwort: nein! (Wenn Sie jedoch als Schilehrer, Diva oder Popstar durchgehen wollen, setzen Sie schnellstens eine auf.)

Die Brille im Haar darf nur dann da bleiben, wenn ersichtlich ist, dass

Sie das Ding gleich wieder brauchen. Das ist für die Zuseher beispielsweise für Schistars beim Training am Gletscher nachvollziehbar oder für Strandbadbesucher bei Rekordtemperaturen im August.
Auch Taschen zählen zu den Accessoires - und alles was sich darin befindet. Autoschlüssel, Handy, Feuerzeug und Füller: Kein noch so kleines Detail bleibt ohne Bedeutung.

Die menschliche Gabe, Dinge miteinander in Zusammenhang zu bringen, fördert oder schadet Ihrem Ruf. Je nachdem, was Sie ins Bild rücken.

Beispiel

Sie werden in Ihrem Büro interviewt. Ihr Schreibtisch ist poliert wie selten zuvor. Auf dem guten Stück liegt fein säuberlich ein vergoldeter Kugelschreiber neben einem ledergebundenen Kalender. Sonst nichts.
In diesem Fall kann getrost schlussgefolgert werden, dass Sie an diesem Schreibtisch Ihren Schönheitsschlaf verrichten, aber mit Sicherheit keiner Arbeit nachgehen. Sie sind für Ihre Leistung überbezahlt und zu Unrecht Besitzer eines goldenen Schreibgeräts. Ihr Terminkalender ist voll mit Rendezvous im Golfclub und Geschäftsessen auf Staatskosten.
Denken Sie an Ihr Image und nützen Sie die zahlreichen Möglichkeiten, den Ort Ihrer Leistung zu inszenieren.
Sind Sie ein Zeitgenosse des 21. Jahrhunderts, werden das Notebook und ein elektronischer Kalender Ihr Eigen sein. Falls Sie darauf Wert legen, Ihren Sinn für Familie zu betonen, um somit die Attribute „fürsorglich" und „verantwortungsvoll" zu kassieren, stellen Sie dem Zuseher die Betrachtung der Rückseite eines vermeintlichen Familienfotos zur Verfügung. So gewinnen Sie an Ansehen, da Sie sowohl auf berufliche Herausforderungen zeitgemäß reagieren, als auch die tradierten Werte „Familie und Gemeinsinn" in sich tragen.

Seien Sie sorgfältig bei der Auswahl der Dinge, die Sie in einen Fernsehauftritt begleiten dürfen. Wenn Sie Zweifel verspüren, ob Sie dieses oder jenes Stück zeigen sollen, lassen Sie es bleiben. Gehen Sie auf Nummer sicher. Wie heißt es so schön: „Der Teufel steckt im Detail." Und jedes Detail erzählt Bände über Ihren (vermeintlichen) Charakter.

Überlegen Sie vor einem Auftritt, welche Eigenschaften Sie durch Äußeres, Accessoires und Dinge der Umgebung betonen möchten. Vergleichen Sie die Gegenstände, die Sie in Szene setzen, mit der beabsichtigten Wirkung.

Ein Korb mit Obst anstelle der obligaten Erdnüsse, eine Flasche Wasser anstatt der Kaffeetasse bewirken in den Eindrücken der Zusehenden extrem viel. Lenken Sie diese Eindrücke bewusst in Ihre Richtung, je nachdem, wie Sie sich sehen und sich zeigen wollen: als genialer Workaholic, als smarte Geschäftsführerin oder als engagierter Interessenvertreter der alten Schule. Jede Figur hat ihre Zeichen und Symbole.

Make-up und Ihr Image

Schminke ist enorm wichtig. Das Rot auf den Lippen, das Rouge auf den Wangen, das Puder auf der Stirn. „Gutes Make-up sieht man nicht, gutes Make-up zeigt das Gesicht." Make-up hebt die schönen Dinge hervor und drängt das nicht ganz Gelungene in den Hintergrund. Auch Männer müssen vor ihrem Auftritt im Studio unter die Puderquaste.

Schönheit steht nicht im Zentrum des Interesses eines TV-Make-ups. Vielmehr geht es um Frische und die gesunde Erscheinung. Die Haut darf keinesfalls glänzen. Im Scheinwerferlicht können Reflexionen ausschließlich durch Puder verhindert werden. Lassen Sie sich deshalb auch als Mann vor einer Sendung zumindest das Gesicht und den Hals abtupfen. Wenn Sie bereits der „metrosexuellen" Generation angehören, gehört es für Sie ohnehin zum guten männlichen Ton, Cremes, Düfte und Haargel zu verwenden. Schweiß oder glänzende Stellen wirken sich im TV katastrophal aus. Sie stehen für die Lüge, die Anstrengung und deuten daraufhin, dass Sie unter hohem Druck stehen. Denken Sie nur an Richard Nixon. Nur Sportler dürfen durchschwitzte T-Shirts, tropfnasse Socken, dampfendes Schuhwerk aus Kunststoff ... genug!

Keine Angst, Sie müssen vor dem nächsten Interview nicht in die Tiefkühltruhe, doch in die Maske. Denn durch diese kleine Maßnahme des Abtupfens und Trockenlegens der spiegelnden Stellen kommen Ihre Aussagen leicht und ohne Mühe an das Publikum. Was das Glas Wasser gegen den Frosch im Hals ist, ist das Gesichtspuder gegen den Angstschweiß.

Frauen haben bezüglich Make-up mehrere Dinge zu beachten. Denn die Elektronik killt den Teint. Das bedeutet, dass Sie mehr auftragen müssen, als Sie es normalerweise tun. Wenn Sie für das freie Auge „natürlich“ wirken, kann es sehr leicht passieren, dass Sie auf Aufnahmen dennoch blass und kränklich aussehen.

Bevor Sie mit dem Dreh beginnen, können Sie eine Probeaufnahme machen. Lassen Sie sich kurz filmen, 20 Sekunden genügen. Sehen Sie sich dann im Monitor oder im Sucher der Kamera das Bild an. So können Sie sicher sein, dass Sie nicht zu viel und nicht zu wenig aufgetragen haben.

Im Studio werden Sie auch von Visagisten unter die Fittiche genommen. Mit unterschiedlichem Erfolg. Sehr oft wird zu tief in den Farbtopf gelangt oder die Schminke entspricht nicht Ihrer Natur und der von Ihnen gewünschten Wirkung. Frisuren werden sehr oft so lange gesprayt, bis sie zur „tödlichen Waffe“ werden. Dieses „Styling bis zur Unkenntlichkeit“ kann gehörige Auswirkungen auf Ihr Wohlbefinden haben und somit Ihre persönliche Form während des Interviews beeinflussen. Arbeiten Sie daher aktiv mit. Sagen Sie, was Sie wollen und wie Sie sich sehen. Teilen Sie mit, welches Image Sie zeigen möchten. So wird die Arbeit für die Visagisten einfacher und für Sie selbst ganz bestimmt sinnvoller.

Während Inhalte die Nachricht selbst, also die Information transportieren, liefert der Meta-Dialog Informationen über die Nachricht.

Der Meta-Dialog

Die Kommunikation von Mund zu Ohr ist an und für sich ein komplexer Vorgang. Selbst wenn die Begegnung ganz alltäglich ist: In dem Augenblick, da ein Mensch zu einem anderen spricht, schwingen in jeder Mitteilung eine Vielzahl von Bedeutungen, Haltungen und Stimmungen mit. Wenn Sie in der Früh an der Kaffeemaschine mit einem Kollegen eine belanglose Unterhaltung über das Wetter beginnen: Wird es dabei ausschließlich und in letzter Konsequenz um Tatbestände der Meteorologie gehen?

Vielleicht treffen Sie diesen Menschen jeden Tag um dieselbe Uhrzeit, und Sie freuen sich, ihn zu sehen. Also tauschen Sie aus einer liebenswürdigen Gewohnheit heraus jeden Tag Wetterberichte aus, gleichsam um einander freundlich zu begrüßen und zu versichern, dass Sie immer noch dieselben sind wie am Tag zuvor.

Vielleicht sind Sie aber auch bloß müde und zu faul, sich zu so früher Stunde über ein ernsteres Thema auszutauschen. Vielleicht finden Sie diesen Menschen im Grunde Ihres Herzens todlangweilig und sprechen

mit ihm über das Wetter aus Höflichkeit, weil Ihnen sonst nichts anderes einfällt. Vielleicht können Sie diesen Menschen aber auch überhaupt nicht ausstehen und sprechen mit ihm absichtlich über banale Themen wie das Wetter, um ihm Ihre Verachtung auszudrücken.
In allen Fällen werden im Gespräch ganz unterschiedliche Töne mitschwingen, die weit mehr Information enthalten, als der bloße Sachinhalt des Themas vermitteln kann.

Im Meta-Dialog erfahren wir, was von einer Nachricht zu halten ist. Man teilt uns mit, warum man den Worten glauben darf oder dass es sich um abgeschmackte Halbwahrheiten handelt. Wir erfahren, ob das Gegenüber professionell agiert, ob es tut, was es kann, oder nicht kann, was es tut.

Der Meta-Dialog ist das erprobte Mittel, um das Gegenüber im Fernsehdialog zu emotionalisieren: unschlagbar im Steuern, Führen und Kontrollieren des Dialogs. Er bringt ans Licht, was zwischen den handelnden Personen „schwingt" und nicht ausgesprochen wird, was zwischen den Worten wahrzunehmen ist und doch nicht unmittelbar zur Sachebene gehört.

Beispiel

Er: Du hast neue Schuhe. (Das ist eine Feststellung.)
Sie: Und, gefallen sie dir? (Anstelle einer Antwort tritt eine Gegenfrage. Die Absicht ist, mehr über die Meinung und somit die Stimmung des Gegenübers in Erfahrung zu bringen.)
Er: Ich bin bestimmt nicht der Richtige, um das zu beurteilen. (Er entzieht sich der persönlichen Stellungnahme und wertet gleichzeitig das Produkt ab.)
Sie: Das heißt, sie gefallen dir nicht! (Interpretation der Position)
Er: Das heißt, was es heißt, nicht mehr und nicht weniger. (Anmerkung zur Qualität der eigenen Aussage und gleichzeitig Abwertung ihrer Interpretation)
Sie: Ich möchte mich nicht streiten. (Aussage über die eigene Befindlichkeit und Bewertung der Gesprächsatmosphäre)
Er: Dann bitte ich dich nur, den schnippischen Ton wegzulassen und nicht immer gleich beleidigt zu sein. (Anmerkung zu einem paraverbalen Signal in der Stimme plus Unterstellung eines feindseligen Verhaltens)

Sie: Idiot! (Direkte Bewertung der Persönlichkeit des Gegenübers)
Er: Typisch! (Indirekte Bewertung der Persönlichkeit des Gegenübers)

Der Alltag wäre in vielen Situationen ein guter Lehrmeister, würde man in Momenten wie oben einen Augenblick innehalten und ein wenig Zeit und Energie investieren, um hinter die Kulisse derartiger Szenen zu blicken. Leider hat das reale Leben aber weder Stop- noch Rewind-Taste, um eine Sequenz immer wieder ansehen und analysieren zu können. Das elektronische Medium bietet uns diese Möglichkeit.
Um den Meta-Dialog sinnvoll und vor allem zielführend für Interviews und Diskussionen einzusetzen, braucht es Methoden, um zur rechten Zeit die rechte Bemerkung parat zu haben.
Nun drängt sich bei Ihnen vermutlich die Frage auf, wie der Weg zu einer solchen Methode aussehen kann. Was ist heranzuziehen, um es metadialogisch zu verwerten? Wie sind Botschaften zu dechiffrieren, um die Nachricht über die Nachricht zu erfassen und beim Namen zu nennen?
Das 3-Stufen-Modell bringt Licht ins Dunkel und macht klar, wie einfach es sein kann.

Das 3-Stufen-Modell

Die Bewertung der Persönlichkeit

Stufe 1: Das Wahrnehmen
Das Wahrnehmen ist die selbstverständlichste Sache der Welt. Sie können gar nicht anders: Wenn Sie mit einem Gesprächspartner reden, nehmen Sie alles wahr, was da ist. Die Temperatur, die Umgebung, das Äußere Ihres Gegenübers, das Verhalten, die Stimmung, die Worte, einfach

alles. Hören, sehen, riechen, schmecken, fühlen. Nehmen Sie es nur wahr. Noch machen Sie es nicht zum Thema. Lassen Sie sich von den Eindrücken einfach berieseln.
Sie bemerken wahrscheinlich, dass Sie sinnliche Eindrücke nur hintereinander wahrnehmen können, niemals gleichzeitig. Das heißt für das Fernsehen, wie bereits erwähnt, dass Sie immer zwischen Sehen und Hören hin- und her„switchen" – rasend schnell natürlich. Sie hören also jeweils kurz den Text und achten danach wieder auf die Bilder. Dann versucht Ihr Gehirn, das Gesagte mit dem Gesehenen in Einklang zu bringen. Es vergleicht sozusagen, ob die beiden empfangenen Informationen zueinander passen.
Wenn Sie nun zum Beispiel in einer Nachrichtensendung einen Bericht über die steigende Arbeitslosigkeit in der Baubranche sehen und dazu Bilder von brachliegenden Baustellen serviert bekommen, passen diese beiden Informationen ganz offensichtlich nicht zusammen. Denn: Während Sie hören, dass es mehr Bauarbeiter als Baustellen gibt, sehen Sie eine Baustelle, auf der offensichtlich die zugehörigen Arbeiter fehlen. Die empfangenen Botschaften widersprechen einander. Sie beginnen also zwangsläufig, die Sache in Zweifel zu ziehen.
Darum müssen Regisseurin und Redakteur darauf achten, dass Bilder und Text kongruent – also im Gleichklang – sind, damit Zusehende Bild und Text erfassen und begreifen können.
Im Zweifelsfall gewinnt immer das Bild. Bekommt unser Gehirn eine verbale Botschaft und ein Bild geliefert, die nicht miteinander im Gleichklang sind, wiegt die Information des Bildes schwerer.
Die englische Sprache erfasst diesen Vorgang sprachlich, wenn sie „ich verstehe" mit einem schlichten „I see" übersetzt.
Das Nacheinander der menschlichen Wahrnehmung ist ein äußerst hilfreicher Vorgang. Es ermöglicht uns, cool zu bleiben, wenn viele äußere Reize gleichzeitig auf unser Gehirn einwirken und dieses entscheiden muss, welche davon es wert sind, in unser Bewusstsein eingelassen zu werden.
Wenn Sie einen Menschen das erste Mal sehen, dauert es circa vier Sekunden, bis Sie sich ein „Bild" von ihm oder ihr gemacht haben. Stellen Sie sich diesen Vorgang als eine Art Schubladensystem in Ihrem Kopf vor. Jeder Mensch hat so ein System, das es ermöglicht, schnell zu entscheiden, ob es sich im Gegenüber um einen Freund oder Feind handelt.

Vermutlich macht es für Sie einen Unterschied, ob der Mensch, der da eiligen Schrittes auf Sie zukommt, ein freundliches, den eigenen Umgangsformen entsprechendes Äußeres inklusive des passenden Gehabes an den Tag legt oder ob es sich um einen hünenhaften Kerl in Bomberjacke, Springerstiefeln, mit kahlem Schädel und Bierdose in der Hand handelt, der in Ihnen den Eindruck eines wütenden Riesen erweckt. Auch wenn in einer solchen Situation ein kleiner Teil Ihres Gehirns leise etwas von „Vorurteilen" vor sich hin murmelt: Sicher ist sicher. Vielleicht werden Sie trotzdem die Straßenseite wechseln ...
Das Schlüsselwort heißt: selektieren. Sie entscheiden, was für Sie eine Rolle spielt. Sie nehmen Kennzeichen am Gegenüber wahr und entscheiden sich in einem „innerbetrieblichen" Auswahlverfahren für markante Details, die in Ihr Bewusstsein vordringen. Details, die Sie als Auskunft über die Wesensart der Person werten.

Beispiel

Der Bundeskanzler sitzt – ein ungewohnter Anblick – mit Dreitagebart, Ringen unter den Augen und gelockerter Krawatte im Studio zum Live-Gespräch. Er kommt direkt von einer 22-stündigen Verhandlung aus dem EU-Ministerrat.
Interviewer: „Sie sehen aus, als könnten Sie eine Dusche gebrauchen. Scheint eine harte Schlacht gewesen zu sein."
Hinter jedem Wort und Bild steckt Methode: In den wenigen gesprochenen Worten ist alles zu finden, was ein guter Metadialog braucht. Der Journalist hat sein Gegenüber wahrgenommen und sich für markante Details, in diesem Fall das Äußere, entschieden und diese angesprochen.
Bundeskanzler: „Ich bin frisch geduscht! Jetzt können Sie sich wahrscheinlich vorstellen, wie ich vor der Dusche ausgesehen habe, und sich ein reales Bild davon machen, wie hart die Verhandlung tatsächlich war. Mit dem Ergebnis können wir vollauf zufrieden sein. Wir haben erreicht, dass ..."

Stufe 2: Die Selektion

Das Wort „Selektion" steht für die Gabe, äußere Eindrücke, die emotional auf uns einwirken, abwehren zu können. Diese Möglichkeit ist lebensnotwendig im unentwegten Entscheiden, was wichtig ist und was wir vernachlässigen können. Täglich prasseln ungezählte Informationen auf uns ein. Jeder will sein Produkt, seine Ideen und Absichten an uns heranbringen. Es ist also erforderlich, cool zu bleiben, um die richtigen

Dinge hineinzulassen und die unnötigen draußen zu halten. In einem Gespräch geben Ihnen diese Details Aufschluss über die Absichten und die Einstellung des Gesprächspartners zum vorliegenden Thema.
Durch die Erwähnung der äußeren Verfassung des Kanzlers ist der Beweis für harte Arbeit erbracht, ohne dass der Kanzler die Langwierigkeit und den Hergang der Verhandlungen umständlich erklären muss.
Der Kanzler selbst setzt in seiner Antwort noch eins drauf, bezieht sich ein weiteres Mal auf seine Erscheinung und unterstreicht somit ebenfalls im Meta-Dialog seinen bedingungslosen Einsatz.
Ganz anders wäre das Interview verlaufen, hätte der Kanzler vor dem Interview die übliche Körperpflege betrieben, denn nach einem Verhandlungsmarathon sieht man nicht aus wie aus dem Ei gepellt, und so hätte die metadialogische Anmerkung des Interviewers, zum Beispiel: „Sie sehen aus, als wäre Brüssel ein Spaziergang gewesen", die Bewertung der Arbeitsleistung mit Sicherheit geschmälert.
Das macht deutlich, wie wirksam Maßnahmen auf der Meta-Ebene sind. Ob Sie nun denken, das Erscheinungsbild des Bundeskanzlers war mit Absicht gewählt (siehe „Image"), bleibt in Ihrem persönlichen Ermessen. Ein Meta-Dialog war es allemal.

Stufe 3: Die Interpretation

Die Interpretation ist bereits im vorangegangenen Beispiel des Dreitagebarts angesprochen. Mit der Auswahl der markanten Details, die der Journalist an dem Politiker wahrgenommen hatte, war es ja noch nicht getan. Um seinen Gesprächseinstieg davon ableiten zu können, musste er diese Details auch interpretieren.

> Interviewer: „Sie sehen aus, als könnten Sie eine Dusche gebrauchen. Scheint eine harte Schlacht gewesen zu sein."

Tatsächlich bleibt die harte Schlacht nur eine Mutmaßung. Die Dauer der Verhandlungen ist ein Faktum, aber: Ob der Kanzler während der Verhandlungsstunden geschlafen oder wie ein Löwe gekämpft hat, bleibt unbewiesen.
Durch die Interpretation des Journalisten dringt das selektierte Detail in die Nachricht ein, wird zum Gegenstand der Unterhaltung und dadurch zur medialen Wirklichkeit. Motto: *I see*. Ich glaube, was ich sehe – besonders dann, wenn es angesprochen wird. Stellen Sie sich nun vor, der

Journalist hätte das ungewohnte Äußere des Politikers nicht angesprochen. Ohne seine Interpretation und die Erwähnung der Gründe (wahr oder inszeniert) wäre sein Erscheinungsbild vermutlich nach hinten losgegangen. Beispielsweise so: „Na, das sieht nicht gut aus, Herr Bundeskanzler! Da können wir nur hoffen, dass sich Ihre körperliche Verfassung nicht auf das Ergebnis niedergeschlagen hat und es im Nachhinein ein böses Erwachen gibt!“

Wahrnehmen – selektieren – interpretieren lässt Ihnen alles offen. Es entspricht nicht den Kriterien der Suche nach Wahrheit, sondern gehorcht dem Prinzip des Geschmacks, der persönlichen Vorlieben, der sogenannten Prädisposition. Sie haben die Macht, ein und dasselbe Detail einer Person für die Zusehenden als positiven oder als negativen Eindruck zu formen.

Die Meta-Gesprächsebenen

Die Meta-Ebene bietet sich als rhetorische Maßnahme an, wenn Sie die inhaltliche Ebene eines Gesprächs verlassen wollen oder dem Gespräch den für Sie richtigen „Drall" geben möchten – je nachdem, ob Sie etwa Harmonie, Klarheit oder Zoff herstellen wollen.
Der Dreitagebart, der Minirock, die Rolex am Handgelenk oder die bürgerliche Perlenkette sind allesamt äußerliche Zeichen. Der Katalog ansprechbarer Details auf der Meta-Ebene beschränkt sich nicht nur auf Äußerlichkeiten. Er ist viel umfassender und reicht weit über das Outfit eines Menschen hinaus.

Meta-Ebenen

Von der Stimme und dem sprachlichen Ausdruck Ihres Gegenübers bis hin zum Umfeld einer Interviewsituation – der Drehort, die Scheinwerfer und das Team, die Sie vielleicht nervös machen – muss im Interview nichts unerwähnt bleiben.

1. Ebene: Mimik, Gestik und Haltung

Worüber lässt sich nun konkret am besten reden, wenn Ihnen der Inhalt gerade nicht behagt, Ihnen das Wohlergehen Ihres Gesprächspartners am Herzen liegt oder es dem Gespräch an Pfeffer fehlt?

Die Mimik

Zum Ersten bietet sich das Gesicht des Gegenübers an. Im Gesicht des Journalisten zeigen sich zumeist seine Meinung und seine Absichten.

Mimik

Legt also die Journalistin ihre Stirn in Falten, während sie Ihnen mit einer kniffligen Frage kommt, ergeben sich daraus für Sie unterschiedliche Möglichkeiten: Sie können sich mit der Frage herumschlagen und versuchen, das Beste daraus zu machen. Sie können rhetorisch parieren, indem Sie eine Maßnahme zur inhaltlichen Steuerung ergreifen. Hier nur ein Beispiel:

„Die Frage ist berechtigt, aber in dieser Form ungenau gestellt. Die korrekte Frage wäre ..."

Sie können aber auch einen bequemeren Weg einschlagen und das nonverbale Signal der Journalistin – die Stirnfalten – nutzen, um auf elegante und wirkungsvolle Art den Spielboden zu verlassen. Nachdem Sie sich für die Stirnfalten als markantes, anzusprechendes Detail entschieden haben, interpretieren Sie es und bemerken etwa:

„Ich sehe an Ihren Stirnfalten, dass Sie ein Problem mit Ihrer eigenen Frage haben."

Oder:

„Ich sehe an Ihren Stirnfalten, dass Sie schon lange an dieser Frage arbeiten."
Oder:
„Es scheint so, ich sehe das an Ihren Stirnfalten, dass Sie selbst Zweifel an diesem Standpunkt haben."

So beweisen Sie Ihre großartige Beobachtungsgabe vor dem Publikum und „werfen die Journalistin auf sich selbst zurück". Denn das geschieht immer, wenn ein nonverbales Signal eines Menschen angesprochen wird. Sie können das an sich selbst beobachten, wenn jemand in einem Gespräch unerwartet Äußerungen zu Ihrer Person macht. „Sie schauen so streng, wenn Sie das sagen." Oder: „Ihr Schmunzeln kann nur bedeuten, dass Sie ..." Bei Äußerungen wie diesen fällt der Angesprochene sofort in eine scheinbare Defensive und gerät häufig in eine Position der Rechtfertigung. „Ich schau doch gar nicht streng!" Oder: „Ich schmunzle nur, weil ich ..."

Sie können also in einer Gesprächssituation mühelos die Oberhand gewinnen, indem Sie munter drauflos interpretieren und sich von der Sachebene verabschieden.

Steuern Sie dahin, wo Sie sich sattelfest fühlen. Dadurch schaffen Sie sich auch die Möglichkeit, notwendige, wesentliche und wünschenswerte Inhalte zu platzieren, gleich, welche Gesprächsrichtung Ihr Visavis einschlagen möchte.

Die Gestik

Neben der Mimik des Gesprächspartners gibt seine Gestik weitreichend Auskunft über seine Sichtweise und seine Emotionen zum Thema.
Wer die Hände zum Reden verwendet, redet auf zwei Ebenen gleichzeitig: verbal und nonverbal. Auch hier sind Beobachtungen und Äußerungen über das „Mit-den-Händen-Reden" nützlich. Selbst wenn jemand versucht, totale Kontrolle über seine Hände auszuüben und sie nicht einen Millimeter bewegt – keine Panik! Nehmen Sie immer das, was der oder die andere Ihnen anbietet.
Keine Bewegung ist „keine Bewegung", und schon kann forsch drauflos interpretiert werden.

„So emotionslos, wie Sie die Sache anscheinend betrachten, ist sie bestimmt nicht, es geht doch immerhin um ...!"

Oder:

„Sie scheinen ja kaum Anteil zu nehmen am Schicksal derer, die ..."

Die Reaktion auf eine solche Ansage Ihrerseits ist meist heftig. Das Gegenüber ist im sogenannten „intimen Raum" seiner Persönlichkeit berührt worden und braucht jetzt viel Energie, um nicht aus der Kontrolle zu geraten. Es sitzt in der Zwickmühle.

Die inneren Fragen „Soll ich mich nun mehr bewegen oder soll ich weiterhin ruhig dasitzen?", „Soll ich auf das reagieren, was über mich gesagt wird, oder soll ich nicht reagieren?" fesseln den Gesprächspartner an sich selbst und für wertvolle Sekunden entziehen Sie sich seiner Aufmerksamkeit. Das bedeutet: Sie sind schon wieder am Zug.

Gestik

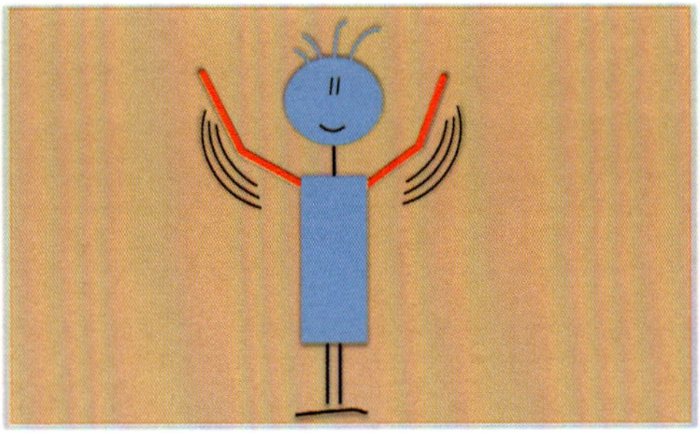

Wenn eine Journalistin wie gewöhnlich ihre Hände zum Reden verwendet, wird die Sache für Sie umso einfacher. Denn Interpretationen sind zwar immer nur Annahmen, Gerüchte und Verdächtigungen, aber im Eindruck der Zusehenden bleibt allemal etwas haften.

Die Journalistin „spricht mit den Händen" und versucht so, die Sache deutlich zu machen, anschaulich, im besten Sinne begreiflich. Sie nehmen das wahr ..., sie selektieren ... und los geht's:

„Ich sehe Ihr Bemühen, Klarheit in die Sache zu bringen. Das ist sehr lobenswert. Doch lassen Sie an Ihrer Stelle mich versuchen, Licht ins Dunkel zu bringen: ..."

Bingo!

Gestik zu interpretieren macht eine Menge Spaß, jede Menge Wind um die Person des anderen, gibt Auskunft über uns und kennt kaum Grenzen. Ein brillanter Interviewpartner wird auf keinen Fall darauf verzichten.

In den allermeisten Fällen wird es gar nicht notwendig sein, die Quelle Ihrer Mutmaßung oder Ihrer Einschätzung zu benennen. Sprich: Das spezifische Verhalten der Hände bleibt ungenannt und nur mehr das Resultat, Ihr persönlicher Eindruck, zieht als Nachricht über die Nachricht ins Gespräch ein.

Beispiele

„Ihr Ringen um die Wahrheit ehrt Sie und ich kann da nur hinzufügen, dass ...!"
„Ihre Nervosität ist leicht zu verstehen, vor allem in Anbetracht der Tatsache, dass ...!"
„Beruhigen Sie sich erst mal und lassen Sie uns versuchen, mit der nötigen Abgeklärtheit ans Werk zu gehen ...!"

Die Haltung
Die dritte Angriffsfläche ist die Haltung des Gegenübers. Wie auch die eigene Einstellung durch die Haltung des Körpers signalisiert wird, so wird die Haltung des Gegenübers aussagekräftig, wenn meta-dialogische Anmerkungen gemacht werden. Nur zu!

Haltung

Ein Mensch mit hängenden Schultern, gekrümmtem Rücken, eingefallener Brust und gesenktem Kopf gehört wohl kaum zu den Gewinnern in der Medienlandschaft. Ganz anders empfinden wir als Zusehende den, der mit ausgebreiteten Armen, aufrechter Haltung und geführtem Blick seine Message an die Öffentlichkeit bringt.
Das sind zwei extreme Beispiele, auf die Sie schon im Zuge der Gestik gestoßen sind. Im Regelfall sind Körperhaltungen nicht immer so eindeutig.
Während Sie im Zuge der Unterstützung der eigenen Nachricht die Haltung betreffend keine Zweifel aufkommen lassen dürfen, können Sie unpräzise, undeutliche Haltungen Ihres Gegenübers dazu benützen, um im Gespräch die Oberhand durch das Verlagern der Ebenen zu erlangen.

Beispiel

Ihre Gesprächspartnerin ist auf der Sitzfläche ihres Stuhls ganz nach hinten gerutscht und drückt ihren Oberkörper an die Lehne, während sie eine Aussage macht. Mit diesem Verhalten gibt sie selbstverständlich noch nicht ihr Innerstes preis. Erst durch Ihre Bemerkung zu ihrer Haltung (auch Sitzhaltung ist eine Haltung) kann diese durchwegs als zurückhaltend (positiv) bis hin zu inaktiv (negativ) oder gar mutlos (vernichtend) interpretiert werden. Dabei ist es gar nicht so wichtig, ob Sie mit Ihrer Interpretation richtig liegen. Wenn Sie Ihre Interpretation aussprechen, ist sie präsent.
Wenn es Ihre Absicht ist, nett zu sein, dann deuten Sie Ihre Beobachtung positiv. Wenn Sie konfrontativ agieren oder der Widersacherin schlicht eins verpassen wollen, nur zu, die Interpretationsmöglichkeiten sind ständige, treue Begleiter und warten darauf, zum Einsatz zu kommen.

Bonustrack
Es spielt keine Rolle, ob Sie mit Ihrer Beobachtung richtig oder falsch liegen. Hauptsache, Sie deuten, was Sie sehen. Alles andere wird sich im Zuschauer manifestieren und Gestalt annehmen. Selbst jemand, der mit aufrechter Haltung, ausgebreiteten Armen und geradem Blick seinen Standpunkt verkündet, verliert vor den Augen der Zusehenden an Sicherheit, wenn Sie das wollen. So könnte er sich beispielsweise die Behauptung gefallen lassen müssen, dass „sein Imponiergehabe den Inhalt nicht besser macht“.

2. Ebene: Die Stimme

Wir wechseln die Fläche, bleiben aber beim Thema. Abgesehen von visuellen Eindrücken beherzigt der geübte Interviewpartner auch auditive Sinneseindrücke, um im Meta-Dialog wichtige Punkte nach Hause zu holen. Wie heißt es so treffend: „Der Ton macht die Musik."

Meta-Ebenen

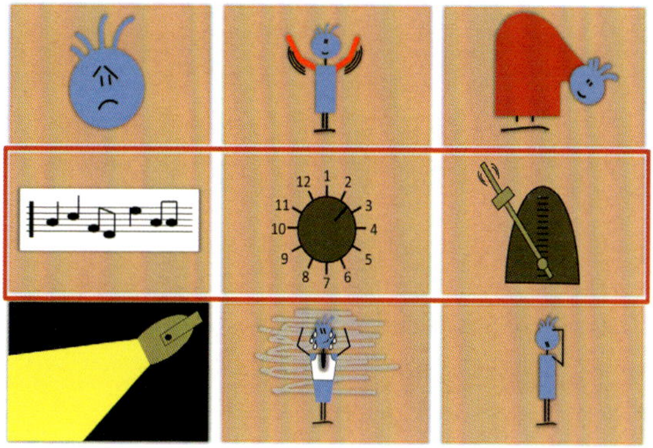

Jede Sprache, aber auch jeder einzelne Mensch hat ihre beziehungsweise seine eigene Sprachmelodie. Wir sprechen nicht auf nur einer Note, sondern machen beim Sprechen Musik. Sprechtechniker nennen das den „musikalischen Aspekt der Sprache". Erst der Klang einer Aussage lässt uns unterscheiden, ob etwas ernst gemeint ist, sich jemand hellauf begeistert zeigt oder eine Aussage einen ironischen Unterton hat.
Denken Sie nur an private Situationen, in denen Ihnen vielleicht schon mal mitgeteilt wurde: „Ja, ja. Du hast wie immer recht!" Inhaltlich durchaus ein Kompliment, ließe uns nicht die mitschwingende Sprechmelodie wissen, dass wir es hier mit kritischem Feedback zu tun haben. Der Inhalt „Du hast wie immer recht" wird durch den Ton völlig ins Gegenteil gedreht.
Beobachten Sie drei Minuten in der Woche, wie Sie reden, und Sie kommen zu der Auffassung, dass Sie auch als Rapper Karriere hätten machen können. Da schleicht sich Sanftheit ein, zustimmende Töne machen sich breit, abwehrende Fis-, Gis- oder Cis-Töne gewinnen die Oberhand.
Die Töne können ein Lied davon singen, wie etwas gemeint ist. Bewerten

Sie die Töne Ihres Gesprächspartners im elektronischen Medium. Je nachdem, ob die Musik Ihrem Geschmack entspricht, positiv oder negativ. Genug in Theorie geschwommen. Lassen Sie uns anhand einiger Beispiele turnen. Auf der Meta-Ebene, versteht sich. Wenn Sie angegriffen werden, können Sie all die Stimmungen andeuten, die den Angriff als solchen unlauter machen. Etwa wie folgt:

Beispiele

„Ihr vorwurfsvoller Ton tut nichts zur Sache! Wir werden, und das ist wichtig, ..."
„Ihr zynischer Ton passt gar nicht zu Ihnen! Ich werde trotzdem versuchen, deutlich zu machen ..."
„Schön, dass Sie es mit Ruhe angehen! Dazu fällt mir ein, dass unsere Firma seit Jahren ..."

Weitere Merkmale der Sprache
Der musikalische Akzent ist in guter Gesellschaft. Der dynamische Akzent, die Lautstärke und der rhythmische Akzent, die Geschwindigkeit, sind ebenso tauglich und effektvoll wie der Ton, wenn es darum geht, durch gekonntes Interpretieren den Gehalt einer Frage infrage zu stellen, eine Person in die Schranken zu weisen oder eine Nachricht lobend hervorzuheben.
Manche gute Songs entfalten ihre volle Qualität erst, wenn sie laut gespielt werden. Unerträglich dagegen bleibt die Musik, die man nicht leiden kann, mag sie noch so leise sein. Für Sie bedeutet das in einer Interviewsituation: noch mehr Möglichkeiten, auszuweichen, klarzustellen, das Ruder herumzureißen oder den eigenen Kurs beizubehalten, mag die Strecke noch so schwierig sein.

Unzählige Merkmale machen aus unserer persönlichen Sprache und unserer Stimme hörbare Fingerabdrücke. Es passiert kaum, dass man einen Menschen trifft, der so klingt wie man selbst. Das bringt nahe, wie genau wir auf Töne hören und wie einzigartig die sind, die wir produzieren.

In Österreich sind die Protagonisten Kreisky und Riess-Passer ein Begriff. Sowohl Sprechtempo als auch Sprachmelodie beider sind legendär und wurden schließlich zu wichtigen persönlichen Markenzeichen. Deutlicher lässt sich nicht zeigen, was mit dynamischen und musikalischen Akzenten gemeint ist.

3. Ebene: Äußere Umstände und innere Zustände

Die dritte Ebene teilt sich in zwei Felder, die viel Raum bieten für jene, die das Umfeld des Interviews, des Gesprächs oder der Diskussion im elektronischen Medium oder die eigenen inneren Vorgänge zum Thema Nummer eins machen wollen.

Meta-Ebenen

Äußere Umstände

Die äußeren Umstände sind für Partizipienten elektronischer Medien oft nicht nachvollziehbar und dennoch – oder: gerade deshalb – dürfen sie nicht außer Acht gelassen werden. Schon unzählige Male konnte die Erwähnung der äußeren Umstände eine Situation nachvollziehbar machen, retten und zum Guten wenden.

Die Temperatur am Set hat schon so mancher Interviewpartnerin, so manchem Interviewpartner zu schaffen gemacht. Hitze, verursacht durch Scheinwerfer plus Nervosität, erzeugt oftmals Schweißausbrüche. Der Anblick eines schwitzenden Menschen lässt im Betrachter aber Misstrauen entstehen. Wir gewinnen den Eindruck: Der hat was auf dem Kerbholz, der lügt, mit dem stimmt was nicht. Die Raumtemperatur rund um den Fernsehstuhl ist ja in der Regel normal und einem Fernsehstudio ist die Hitze, die da herrscht, von außen nicht anzusehen. Für den TV-Seher schwitzt der Mensch am Bildschirm also ohne ersichtlichen Grund. Das macht misstrauisch.

Deshalb ist es wichtig, dass dem Publikum vor den Fernsehschirmen die Ursache für übermäßigen Schweiß klar wird. Ist der Drehort ein schattenloser Strand in der Karibik um die Mittagszeit, braucht es nicht viele Erklärungen, doch im Falle eines Studiointerviews mit kühlem Ambiente hat man schon seine Not, wenn einem der Schweiß ausbricht. Wehe dem, der die Ursachen für die ungewollte Sturzflut nicht schleunigst mittels Meta-Dialog transparent macht.

Es könnte ihm oder ihr ergehen wie dem bereits erwähnten Richard Nixon in der legendären TV-Konfrontation gegen John F. Kennedy. Der arme Nixon sah nicht nur nicht so gut aus wie Kennedy, er machte noch dazu einen miserablen Eindruck. Unrasiert und schwitzend quälte er sich durch die TV-Konfrontation. Sein Abschneiden war katastrophal. Hätte er mit einem Satz erwähnt, dass er an diesem Tag 22 Stunden am Stück in Sachen Wahlkampf unterwegs war und die Scheinwerfer im Studio höllisch heiß waren, wäre das Publikum eingeweiht gewesen. Nicht, dass er dadurch automatisch die Auseinandersetzung für sich entschieden hätte, aber vielleicht wäre das Ergebnis dem Resultat der Umfrage zur Radioübertragung der Konfrontation ähnlicher gewesen. Da schnitt Nixon erheblich besser ab. Die Hörer und Hörerinnen hatten ihn ja nicht gesehen.

Machen Sie aus Ihrer Umgebung kein Geheimnis. Laden Sie das Publikum ein, äußere Umstände durch Ihre Auskunft im Meta-Dialog „mitzuerleben". So sammeln Sie Punkte und sind auch in prekären Situationen fein raus.

Manchmal sind es die vielen Menschen am Set, die Sie verunsichern. Oder Sie wissen nicht, in welche der vielen Kameras Sie schauen sollen. Oder, wenn es nur eine Kamera gibt, ob Sie überhaupt in die Kamera schauen oder besser die Gesprächspartnerin ansehen sollen. Und anstatt die Zeit zu nutzen, um argumentativ zu überzeugen, quälen Sie sich mit Problemen herum, von denen die Seher zu Hause gar nichts wissen.

So gehen aufgrund äußerer Umstände zahlreiche Interviews schief, weil keiner weiß, was Sie wissen: dass die Bedingungen am Set Sie ablenken, stören, Ihre Aufmerksamkeit und Konzentration beeinflussen. Durch das Beschreiben der Wahrnehmungen gewinnen Sie Mitstreiter, weil Ihre Verfassung, Ihr Handeln, Ihr Verhalten für den Menschen vor dem Fernsehschirm eine natürliche Ursache bekommt. Das erzeugt Nachvollziehbarkeit und Sympathie. Denn: Jeder hat schon mal geschwitzt, wenn es heiß war.

Eine Anekdote

Ein außerordentlich beliebter TV-Morgenmoderator hatte eine Firmenfeier als letzter Gast verlassen. Im Studio war das trotz Maske kaum zu übersehen. Der gewiefte Moderator erwähnte im Meta-Dialog seine schlechte Verfassung und tauschte den wahren Grund einfach gegen eine fiebrige Erkältung aus. Genesungswünsche bis hin zu einem Rezept für Hühnersuppe waren die Folge.

Innere Zustände

Zu guter Letzt sorgt die Erwähnung innerer Zustände für menschlich-seelische Offenheit beziehungsweise für die Offenlegung des Grades der Selbstreflektiertheit eines Menschen.
Auf den Punkt gebracht: Reden Sie ruhig über das, was in Ihnen vorgeht. Das lässt Sie ehrlich und menschlich erscheinen. Reden Sie über den Ärger, der in Ihnen entsteht, wenn Sie zum 50. Mal dieselbe Frage gestellt bekommen. Berichten Sie über den Spaß, den Ihnen Ihre Arbeit macht. Lassen Sie Ihre Gefühle im Medium auftreten, indem Sie diese benennen. Dann brauchen Sie sie nicht künstlich darzustellen.

Beispiel

Sätze wie „Da lacht mein Expertinnenherz ...", „Da geht mir die Galle über ...", „Da bin ich hin- und hergerissen ..." geben Einblick in Ihr Innenleben und machen Sie erst zu einer kompletten Persönlichkeit.

Lassen Sie sich durch den Ernst der Situation eines Medienauftritts nicht auf eine gespreizte, eindimensionale Person reduzieren. Überlegen Sie allerdings vorher, ob die erwähnten Stimmungen erwähnenswert sind. Ob sie zu Ihrem Image passen oder nicht.

Gefühle gehören zum „intimen Raum" einer Persönlichkeit. Es ist somit ihr geheimster Bereich. Der Bereich, der von der nächsten Person (die Zuseher, die es zu erreichen gilt) am weitesten entfernt ist.
Das bedeutet: Wer bereit ist, seine Gefühle zu zeigen, verringert die Distanz zum Publikum und erzeugt Nähe. Für viele Themen, die Vertrauen als Grundlage brauchen, kann es ein enormer Vorteil sein, mehr von sich zu zeigen als eine glatte Oberfläche.
Achten Sie auch darauf, dass die im Meta-Dialog genannten inneren Zustände zur jeweiligen Situation passen. Keinesfalls kann es das Ziel sein, in einer Nachrichtensendung einen Seelenstrip hinzulegen, der besser in einen medialen Sozialporno passen würde.
Zwei Highlights aus bekanntem Munde:

> „Sie dürfen nicht davon ausgehen, dass, nur weil ich Kanzler bin, mir das nicht nahe geht." (Wolfgang Schüssel, 2003)
> „Ihre Frage ist Anlass, innerlich aufzulachen. Und, nur so nebenbei, ist Ihre Frage für den Pepi-Onkel." (Wolfgang Schüssel, 2003)

Bewertungen auf der Meta-Ebene

Wir verlassen den Meta-Dialog erst dann, wenn das Beste hinter uns liegt. Aber das Beste liegt noch vor uns.

Bewertungen auf der Meta-Ebene

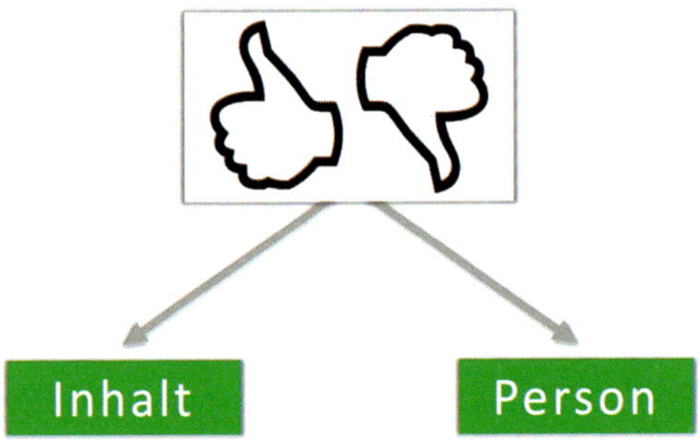

Wir kommen zum Bewerten, zum Noten-vergeben, zum Orden- und Kopfnüsse-verteilen. Um dies zu tun, brauchen wir nur auszusprechen, was uns gefällt und was uns nicht zusagt. So einfach kann es sein. Zwei Ebenen bieten sich unserer Bewertung an.

Bewertung des Inhalts

Ich stelle eine Episode aus einer TV-Diskussion um die Pensionsreform an den Beginn. Worum es im Detail ging, soll uns nicht belasten. Die Gegenspieler: Herr Sallmutter, Herr Bartenstein.

Im Vorfeld sei angemerkt, dass ich keine Sympathiepunkte vergeben möchte, sondern lediglich glänzende Maßnahmen schätze.

Beispiel

Während Herr Sallmutter ein minutenlanges Impulsreferat am Anfang der Diskussion ins Rennen schickt, in dem er Missstände anprangert, am politischen Gegner nicht ein gutes Haar lässt und die eigenen Errungenschaften lobt, wartet Herr Bartenstein geduldig, um danach eine Bewertung vorzunehmen. Zitat: „Sie haben sehr lange geredet. Vieles davon war falsch."

Damit war das Impulsreferat Sallmutters nur mehr einen Bruchteil wert. Bartenstein korrigierte in Folge nichts von dem, was gesagt worden war. Er stellte lediglich im Gegenzug kurz fest, was für ihn wichtig war.

Ein Paradebeispiel für die negative Bewertung eines Inhalts.

Noch ein Beispiel

Eine gekonnte Kombination aus innerem Vorgang und positiver Bewertung des Inhalts, gehört und gesehen in einer Diskussion zu einem EU-Konvent. Vertreter und Vertreterinnen aller Parteien gaben sich ein Stelldichein und mit atmosphärischen Ansätzen zum folgenden EU-Wahlkampf war zu rechnen.

In diesem Klima gelang einem Teilnehmer ein wahres Kunststück in Sachen Meta-Maßnahmen. Er sprach: „Obwohl es mir regelmäßig die Haare aufstellt, wenn ich Sie im EU-Parlament höre (innerer Vorgang), muss ich vor Ihrem Standpunkt den Hut ziehen (Bewertung des Inhalts)."

So viel Offenheit und inhaltliche Gunst gegenüber dem politischen Gegner brachten dem Diskussionsteilnehmer, obwohl er sich nur einer Meinung anschloss, beim Publikum mehr Sympathie als seinem Vorredner.

Eine Bewertung erhöht Ihre Position gegenüber dem Bewerteten. Sie erreichen, indem Sie die Leistung des anderen einschätzen, ohne

eine Begründung für diese Bewertung anzugeben, den Status des Erhabenen.

Wie ein Schullehrer, der die Arbeit mit einem schlichten „Gut“ oder einem undokumentierten „Nicht genügend“ zeichnet.
Sie können, um es noch mal klarzumachen, ruhig Punkte vergeben. Also „elf von 24 Punkten sind zu wenig für ein Genügend“ ist okay. Rechtfertigen Sie aber nicht, warum Sie bei Aufgabe drei für diesen und jenen Rechengang nur zwei Punkte vergeben haben.

Bewertung der Person

Die negative Bewertung eines Menschen ist eine heikle Sache und ein mächtiges verbales Schwert in Ihrer rhetorischen Hand.
Ein Inhalt, so wichtig er jemandem sein mag, stellt lediglich geistiges Gut dar. Dies schließt per se die Möglichkeit mit ein, dass sich ab und zu ein Fehler einschleichen kann, da niemand unfehlbar ist. Wenn Sie Ihre Waffe gegen die Persönlichkeit eines Menschen einsetzen, können Sie damit nur in seltenen Fällen Frieden stiften. Sie kann Ihnen zur Verteidigung dienen. Es kann aber auch geschehen, dass Sie damit schwer verwunden und letztlich - im übertragenen Sinn - töten.
Zurück zur Methode. Der Charakter gibt Aufschluss über den Wert eines Menschen. Er zeigt, was ihn ausmacht. Ein Charakterzug zieht Handlungen ganz bestimmter Art und Weise nach sich und gibt Auskunft darüber, was jemand mit diesem oder jenem Schritt bezwecken will.
Die direkte Form der Bewertung einer Person ist im Guten zu empfehlen. Nichts ist schöner und generöser, nichts geht mehr unter die Haut, als wenn ein Mensch einem anderen ein ehrlich gemeintes gutes Zeugnis ausstellt.

Beispiele

„Sie sind ein ehrenhafter Partner.“
„Ich schätze Sie als verlässlichen Mitstreiter.“
„Sie haben schon oft Rückgrat gezeigt.“
„Sie sind ein feiner Mensch.“

Wenn Sie sich tatsächlich entschließen, einem Gesprächspartner auf direkte Art ein schlechtes Zeugnis als Mensch auszustellen, kann es mitunter zu unschönen Szenen kommen. Seien Sie sich bewusst, dass Sie ihm oder ihr das Schlimmste antun, was in der (medialen) Öffentlichkeit möglich ist. Die direkte negative Bewertung kann natürlich das Publikum bei Laune - sprich: am Bildschirm - halten und rasche, effektvolle Reaktionen hervorrufen. Machen Sie sich aber auf massive Gegenwehr gefasst. Stecken Sie Ihre Klinge nicht weg und benutzen Sie, wenn Sie allzu heftig waren, einen Schutzschild.

Beispiele

„Ich wollte Sie nicht verletzen."
„Es tut mir leid, wenn ich Sie gekränkt habe."

Natürlich lässt das Äußere eines Menschen keine Rückschlüsse auf sein inneres Wesen zu, doch die eine oder andere Vermutung stellen wir anhand der sichtbaren nonverbalen Signale gerne und mit Recht an.

Wer würde schon sein Geld einem Immobilienmakler anvertrauen, der sich während des Verkaufsgesprächs ständig die Hände reibt und mit flackerndem Blick darauf drängt, endlich den Vertrag zu unterschreiben? Sie würden in einer solchen Situation automatisch auf nonverbale Signale geachtet haben und den Betreffenden als „verschlagen" einordnen.

Fazit: Wenn Sie einem Gegenüber in politischer Auseinandersetzung oder einem Nebenbuhler in einer Verhandlungssituation attestieren, er verhalte sich wie ein Immobilienmakler, der auf raschen Abschluss drängt, implizieren Sie für Hörerinnen und Seher das Persönlichkeitsmerkmal „Verschlagenheit", ohne diese Eigenschaft direkt ausgesprochen zu haben.

Das ist eine grandiose Umschiffung des direkten Angriffs auf die Persönlichkeit. Elegant vermeiden Sie eine direkte Bewertung des Charakters mit Eigenschaftswörtern wie verschlagen, boshaft oder durchtrieben, sondern bedienen sich einer anderen Figur. Auch für das Gegenüber ist es weniger dramatisch, zu hören, „Sie verhalten sich wie ein Schildbürger" als „Sie sind blöd".

Zur Vertiefung und zur Verdeutlichung einige Äußerungen aus Interviews mit namhaften Politikern:

Beispiele

„Ich kann mir nicht helfen, Sie werden Ihrem Vorgänger (abgetreten) immer ähnlicher."

„Sie erinnern mich an die Herren der Gewerkschaft in den Siebzigern."

„Sind Sie verliebt? Es scheint, Sie haben den Blick für die Realität komplett verloren."

„Sie werden anscheinend nicht umsonst ‚die Königskobra' genannt."

„Sonnyboys sollten Partys veranstalten, aber nicht versuchen, ein Budget zu machen."

Das Selbstwertgefühl

Neben dem Organ am rechten Fleck, das jahrein, jahraus für unser nacktes, körperliches Überleben zuständig ist, indem es pocht und pocht und pumpt, sorgt der Selbstwert für unser psychologisches Überleben. Es handelt sich damit also – wenn Sie so wollen – um unser psychologisches Herz.

Wenn das Selbstwertgefühl angeschlagen ist, erleben wir Krisen. Steht unser Wert hoch im Kurs, kann uns nichts aufhalten. Wir sind bester Laune, scharfsinnig und mutig.

Die Zeile eines Liedes von Billy Joel, die ich der Steuerung des Selbstwerts im Interview widmen möchte, lautet: „She can bring out the best and the worst you can be". Besser kann die Auswirkung des Selbstwertgefühls auf den Ausgang eines Interviews nicht beschrieben werden.

Im Interview spielt die Chemie zwischen den handelnden Personen eine wesentliche Rolle in Bezug auf die Steuerung, die Führung und die Kontrolle des Dialogs. Wer „selbst-sicher" durch ein Interview gehen will, muss seine Gefühle und die des Gesprächspartners im Griff haben.

Gute Interviewer sind geschult, den Selbstwert des Gesprächspartners zu instrumentalisieren. Ihre psychische Verfassung befindet sich also in den ausgebildeten Händen eines anderen.

Der Selbstwert ist für jeden Menschen ein äußerst wertvolles, aber auch zerbrechliches Gut. Im täglichen Leben brauchen wir alle ein Mindestmaß an positiver Resonanz auf unser Wesen. Wir brauchen das Gefühl, dass es andere Menschen auf diesem Planeten gibt, die dem, was wir sind und was wir tun, Sympathie entgegenbringen.

Unser Selbstwert ist also abhängig vom Feedback unserer Umwelt. Da es um das psychische Überleben geht, stellt jeder Angriff eine Bedrohung dar. Bei mehreren Angriffen hintereinander gerät jede Konversation, jeder verbale Schlagabtausch aus den Fugen. Es wird gekämpft. Kampfgespräche zielen darauf ab, den anderen oder die andere aus der emotionalen Reserve zu locken. Dort ist der Gegner, sei es in einer Konfrontation, in einem Interview oder in einer Diskussion, auf verlorenem Posten. Er verliert seine ursprünglichen Ziele aus den Augen, gerät aus der Fassung und verliert so die Kontrolle über den Dialog.

Wer aus der Balance gerät, begeht Fehler, wirkt unausgeglichen und hat damit an zwei Fronten gleichzeitig zu tun. Außen: argumentativ und innen: emotional.

Wenn aber die Journalistin auf dieser Orgel zu spielen gelernt hat, dann können Sie das auch. Fünf Felder stehen zur Verfügung, um den Selbstwert des Gegenübers zu erhöhen oder zu vermindern.

Person und Selbstwert

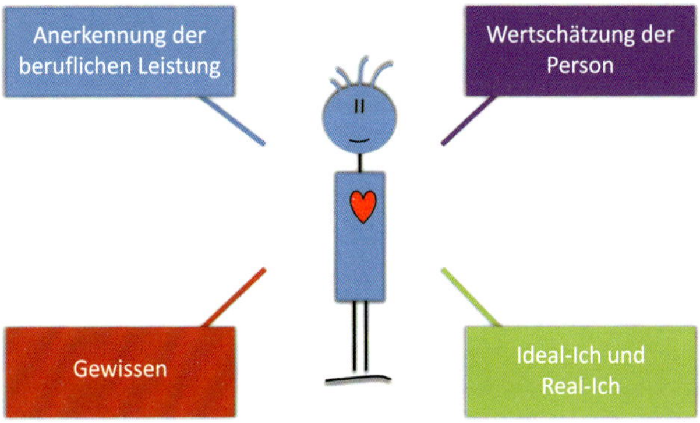

Das Selbstwertgefühl setzt sich aus einer Reihe beeinflussbarer Felder zusammen. Es geht um das methodische Ansprechen des richtigen Feldes auf die richtige Art und Weise. Die Regel ist simpel: Jedes Lob bedeutet Aufwertung, jeder Vorwurf Abwertung.

Die Felder des Selbstwertgefühls

Feld 1: Anerkennung der beruflichen Leistung

Damit sind Bewertungen einer Leistung in Zusammenhang mit Ihrer Funktion gemeint. Dieses „Spielfeld" wird gerne für Interviewsituationen mit Experten und Interessenvertreterinnen benutzt.

Die Bewertung kann neutral sein:

„Was haben Sie als Finanzdirektorin im Geschäftsjahr X vor?"

Sie kann Sie positiv motivieren:

„Sie haben als Finanzdirektor ein tolles Jahr hingelegt. Was haben Sie im Geschäftsjahr X vor?"

Sie kann Sie negativ motivieren:

„Im vergangenen Jahr hat die Konjunktur einen Großteil Ihrer Arbeit als Finanzdirektorin erledigt. Was haben Sie ohne diese äußere und zufällige Hilfe im Geschäftsjahr X vor?"

Sie können wahrscheinlich spüren, wie unterschiedlich Sie sich bei der Beantwortung der jeweiligen Fragestellung fühlen würden. Ist doch beachtlich, oder?

Gegenmaßnahmen

Schon allein das Wissen um diese Mechanismen nützt gewaltig. Es hilft Ihnen, Haltung zu bewahren.

Nicht eintretender Ärger Ihrerseits ärgert den anderen, der ja versucht hat, Sie aus dem Gleichgewicht zu bringen. Das kann man jedoch nicht öfter hintereinander machen, sonst platzt diesem am Ende der Kragen.

Sie können diesen Mechanismus im Trockentraining erleben, wenn Sie Folgendes versuchen: Lassen Sie sich von Ihrem Ehepartner in zehn Punkten ehrlich und offen kritisieren. Nehmen Sie sich vor, diese Kritikpunkte anzuhören und hinzunehmen, ohne einmal zu unterbrechen oder sich zu verteidigen. – Was dann passiert? – Probieren Sie es aus!

Eine gelungene Gegenwehr auf einen Angriff ist ein Gegenangriff auf demselben Feld.

„Schade, dass Sie als sonst so fairer Gesprächspartner zu so fiesen Mitteln greifen müssen, um eine gelungene Leistung herabzuwürdigen. Anscheinend hat jeder Profi seine Grenzen.

Wie auch immer. Ich werde im Geschäftsjahr X ...!"

Achtung: Passen Sie bei zu viel Lob auf, dass Sie keine rosarote Brille auf die Nase gesetzt bekommen, die Sie in überhöhte Euphorie versetzt. Auch die positive Motivation ist eine Beeinflussung Ihres Selbstwerts. Verhalten Sie sich professionell und achten Sie auf Ihre emotionale Verfassung.

Feld 2: Wertschätzung der Persönlichkeit

Damit sind all jene Eigenschaften gemeint, die nicht unmittelbar mit einer Funktion zu tun haben. Persönliche Verhaltensweisen sind angesprochen, um die Sie sich nicht bemühen müssen.

Beispiele

„Allein wie du schaust!“
„Allein wie du lachst!“
„Weil du so bist, wie du bist!“

Achtung: „Allein wie du Auto wäschst!“ wäre falsch, weil es unmittelbar mit einer Aufgabe, also einer Funktion (Feld 1), zu tun hat.
Im Interview kann dieses Feld folgendermaßen angesprochen werden:
Neutral:
„Wie werden Sie Ihr Team erneut motivieren?“
Positiv:
„Man kennt Sie als jemanden, der sehr beharrlich und überlegt vorgeht. Wie werden Sie Ihr Team erneut motivieren?“
Negativ:
„Ihre Hitzköpfigkeit ist gefürchtet. Wie werden Sie Ihr Team trotzdem motivieren?“

Gegenmaßnahmen
Man kann jede Eigenschaft in zwei Richtungen wenden, da jede Eigenschaft eine Kehrseite hat. In jeder Fähigkeit liegt eine Unfähigkeit. Jeder Unwert hat seinen Wert. Oder, wie ein namhafter Kabarettist es formuliert hat: „Kein Dings ohne Dings.“ Sie können also getrost aus einem Vorwurf ein Lob machen. Zeigen Sie dem Publikum einfach die Kehrseite.
Sie können aber auch die unlautere Vorgehensweise enttarnen, indem Sie diese beim Namen nennen.

Beispiel

Beides in einem Stück:
„Mein energisches Vorgehen (als eine Kehrseite von ‚hitzköpfig‘) hat seinen Grund. Welchen Grund haben Ihre Aggressionen gegen mich?“

Feld 3: Differenz zwischen dem Real-Ich und dem Ideal-Ich
Damit ist der Hinweis auf den Unterschied zwischen dem, „was man hat und ist“, und dem, „was man gern hätte und gern wäre“, gemeint. Jede Auskunft über die Annäherung der beiden Seiten ist pure Aufwertung des Selbstwertgefühls. Jeder Hinweis auf die größer werdende Di-

stanz stellt einen Tritt in die seelischen Weichteile dar. Im privaten Bereich klingen diese Fights beispielsweise so:

„Wenn du so weitermachst, wird es wohl nichts werden mit deinem ...!"

„Du hast doch gesagt, du willst abnehmen! Ich bin schon neugierig, was die Waage sagt, wenn du Abend für Abend einwirfst wie ein Scheunendrescher."

Was im Privatbereich so leicht über die Lippen geht, wird auch im Interview oder in Diskussionen verwendet, um Sie unter Druck zu setzen oder Dampf abzulassen.

Oft ist es nicht möglich, auf einem Gebiet Lob auszusprechen, weil es einfach nichts zu loben gibt. Wenn zum Beispiel die Expertin für Aktien, also die Analystin, noch gestern das Gegenteil von dem behauptet hat, was die Börsen heute berichten, gibt es im Feld der Funktion nichts zu loben.

Der Journalist kann dennoch ihre Persönlichkeit (Feld 2) wertschätzen und kann so eine treffliche Kritik anbringen, ohne die Gesprächspartnerin zu vergrämen, da diese ja auf einem anderen Feld erhöht wird.

Beispiel

„Wenn Sie sich öfter so irren, wird es wohl nichts werden mit Ihrer Guru-Position am Markt (negativ – Feld 3), dennoch: Man kennt Sie als jemanden, der aus Fehlern lernt (positiv – Feld 2). Was können Sie uns zur Entwicklung der X-Aktie sagen?"

Sie brauchen aber natürlich nicht darauf zu warten, bis der Journalist Sie lobt. Sie können das auch selber tun.

Beispiel

„Meine Kollegen nennen mich ‚Frau Abwarten-und-Tee-trinken'. Als solche würde ich raten, den Tag nicht vor dem Abend zu loben und die Aktie noch ein, zwei Tage zu beobachten, bevor man vorschnell zu einem Urteil gelangt und auf die finanzielle Nase fällt."

Natürlich sind rhetorische Gegenmaßnahmen für mediale Interviewsituationen schriftlich unschwer zu formulieren. Nach einem verbalen Angriff in der Sekunde der Verwirrung das rechte Wort zur rechten Zeit zu finden, ist ungleich schwieriger. Oftmals verhält es sich so, dass man wenige Sekunden später sehr genau wüsste, was man am besten geantwortet hätte.

Wichtig ist deshalb, dass Sie diese Mechanismen *ausprobieren*. Nicht erst bei der Diskussion vor laufender Kamera oder im Scheinwerferlicht während der TV-Konfrontation, sondern *vorher*.

In Ihrem privaten Bereich finden Sie sicherlich zahllose Gelegenheiten, diese Techniken anzuwenden. Setzen Sie diese bewusst ein. Wenige Minuten Übung pro Woche ermöglichen Ihnen, die Techniken zu verinnerlichen. Wenn dies geschehen ist, werden Sie Gegenmaßnahmen auch im Ernstfall anwenden können.

Wenn Ihnen Ihre Privatsphäre zu kostbar ist, um mit den emotionalen Befindlichkeiten Ihrer Liebsten zu experimentieren, dann kommen Sie zu uns. Das Seminar „Mediale Kampfrhetorik" bereitet Sie bestens auf entsprechende Situationen im elektronischen Medium vor.

Feld 4: Innere Stimmen

Mit „innere Stimmen" ist unser Gewissen, sprich unser ethischer Wertekanon gemeint, der besonders in heiklen, menschlich berührenden Situationen angesprochen werden wird. Wenn Ihre inneren Stimmen von Journalisten angesprochen werden, ist dies der rhetorische Versuch, vor Publikum einen Appell an Ihr Gewissen zu richten. Da unsere inneren Haltungen ambivalent sind, ist es nicht einfach, ein ruhiges Gewissen zu haben und felsenfest von der Reinheit der eigenen Absicht oder des eigenen Handelns in einer Sache überzeugt zu sein. Das gilt besonders für Situationen, in denen Sie zum Beispiel als Interessenvertreterin einer Gruppe von Menschen nicht Ihre eigene, persönliche Meinung vertreten, sondern eine fremde Einstellung gutheißen müssen.

Beispiel

Wer kündigt schon gerne 150 Mitarbeiter? Zu Ihrem Privatvergnügen tun Sie so etwas bestimmt nicht. Dennoch werden Ihre moralischen Koordinaten in einer solchen Situation infrage gestellt werden. Mit verschiedensten Vorwürfen muss gerechnet werden.

„Warum haben Sie nicht schon früher ...?"

„Fällt Ihnen als Frau der Wirtschaft immer nur dieselbe Maßnahme ein, nämlich Kündigungen auszusprechen?"

„Welche Alternativen hätte es geben können?"
Die Anfrage an Ihre inneren Stimmen stellt eine spezielle Form des Angriffs auf Ihren Wert als Mensch dar.
Das kann etwa so klingen:
„Herr Y, wenn Sie am Abend ins Bett gehen, denken Sie kurz an die Hunderten Familien, die durch Sie ihre Existenzgrundlage verlieren?"
„Sie wirken sehr gefasst, Frau X. Geht Ihnen die Not, noch dazu so kurz vor Weihnachten, die Sie durch die Kündigungen verursachen, gar nicht nahe?"
„Macht es Ihnen kein Kopfzerbrechen, sich hinter angeblichen Wirtschaftsmechanismen zu verschanzen, um so Ihrer persönliche Verantwortung zu entgehen?"

So etwas kann unter die Haut gehen. Vor einer breiten Öffentlichkeit verkündet zu bekommen, dass man als Mensch versagt, weil man anscheinend kein Gewissen hat, ist eine tiefe Kränkung. Da melden sich auch bei der abgebrühtesten Managerin die inneren Stimmen zu Wort.

Gegenmaßnahmen
Sie nehmen die Prügel an. Sie jammern nicht, verzeihen dem Journalisten, weisen aber sehr wohl auf die Unzulänglichkeit des Interviewers hin.

Beispiel

„Ihr soziales Engagement und Ihre Aufgeregtheit in Ehren, doch man merkt ein wenig, dass Sie noch nie in Ihrem Leben einen Betrieb geführt haben. Denn sonst wüssten Sie, dass der Erfolg eines Unternehmens an zufriedenen Mitarbeitern gemessen wird."

Das bringt mit sich, dass durch die Herabsetzung des Wertes des Gegenübers auch der Vorwurf entschärft wird.

Es ist zielführend, einen starken inhaltlichen Angriff abzuwehren, indem der Wert des Gesagten durch Entwertung des Gegenübers vermindert beziehungsweise gelöscht wird.

Beispiel

Nach einem schweren Vorwurf:
„Wenn Sie das sagen, kann ich nur lachen!" (Das Gegenüber ist aufgrund nicht ausgesprochener Beweggründe nicht ernst zu nehmen.)
„Dass Sie das sagen, wundert mich nicht!" (Das Gegenüber ist anscheinend gebunden, befangen.)
„Ich bin überrascht, dass jemand, der 15.000 Euro im Monat verdient, einen Sportwagen fährt und öfter im Golfclub ist als bei seiner Familie, plötzlich den Robin Hood spielt!" (Entwertung des Gegenübers auf Feld 2/Persönliche Wertschätzung)

Egal, wie Sie es tun und welche rhetorisch-psychologische Maßnahme Sie wählen: Tun Sie es, wenn Sie Sieger bleiben wollen. Vergessen Sie für die Zeit des medialen Auftritts Ihre hohen moralischen Ansprüche. Folgen Sie den Gesetzen des Mediums. Es ist eine künstliche Welt, in der die Auswirkungen nicht den Auswirkungen in der Realität entsprechen.

Feld 5: Selbstbild als Mann oder Frau
Jeder von uns hat andere Vorstellungen davon, was einen *richtigen* Mann oder eine *richtige* Frau ausmacht. Trotzdem gibt es bei aller Individualität gemeinsame Nenner. Wer von seiner Geliebten gesagt bekommt, er sei „kein Mann", weiß, wovon die Rede ist. Auch als „Mannweiber" bezeichnete Frauen kennen dieses Elend.
Rollenbilder sind natürlich Klischees. Gesellschaftliche Wertebilder geben uns zu unserem biologischen Geschlecht auch das soziale Verhalten mit, das von uns traditionell erwartet und gewünscht wird: So sollte ein Mann für seine Familie sorgen können, Schutz und Sicherheit geben und einen angemessenen Lebensstandard bieten. Eine Frau dagegen hat als Mutter zu funktionieren, Sanftmut an den Tag zu legen und die eigenen Interessen hintanzustellen, wenn es um ihre Kinder und den Mann geht.
Gesagt zu bekommen, dass man als Mann nicht genügt oder sich als Frau disqualifiziert, sind schwerste Angriffe auf den Selbstwert einer Person. Das biologische Geschlecht ist thematisch nahe am Thema „Sexualität" und zeichnet damit für unseren Fortbestand verantwortlich, was wiederum bedeutet, dass man sich als „kein richtiger Mann" oder „keine richtige Frau" wider die Natur verhält.

Bei dieser Betrachtung wird Ihnen wahrscheinlich bewusst, wie drastisch Bewertungen in diesem Bereich auf ein mediales Gegenüber wirken müssen. Deshalb sollten sie nur im äußersten Notfall verwendet werden. Werden Sie selbst medial in Ihrer Männlichkeit oder Weiblichkeit angegriffen, kann dies nur ein Startschuss sein, mit dem Verursacher Schlitten zu fahren. Nach den Regeln medialer Kampfrhetorik, versteht sich.

Beispiel

Eine Präsidentschaftskandidatin wurde darauf angesprochen, ob sie für dieses Amt überhaupt genug Zeit hätte, da sie ja Frau und Mutter sei.
Antwort der Dame: „Sind Sie bei Trost?"
Kein Mensch käme auf die Idee, einen männlichen Vertreter der Regierung auf seine Pflichten als Vater aufmerksam zu machen.
Außer zum Thema Sicherheit. Da sehen sich Männer mit Fragen konfrontiert wie:
„Würden Sie auch Ihrem Sohn, Ihrer Tochter zumuten, dass ein mäßiger Studienerfolg die Konsequenz X nach sich ziehen würde?"

Wenn Sie in Interviews oder in Diskussionen mit geschlechtsspezifischen Erwartungen konfrontiert werden, machen Sie das Muster hinter diesem Vorgang transparent. Gehen Sie in den Meta-Dialog und enttarnen Sie die Frage oder den Vorwurf als billiges Klischee. Somit bleiben Sie im Feld 5, nehmen dem Visavis die Kompetenz und dem Inhalt das Gewicht. Zeigen Sie sich aber trotzdem gesprächsbereit.

Beispiel

Auf den Vorwurf, dass man als Mann auch dafür zu sorgen hätte, das XY passiert, reagieren Sie nicht auf der Sachebene, sondern gehen auf Feld 5 ein.
„Dass Sie als Mann ein so dummes Klischee bemühen, entehrt Sie. Dennoch, ich bin der Ansicht ...!"
Als Frau gehen Sie genauso vor. Allein die kleine Beifügung, dass der Interviewer oder Vorredner „ausgerechnet als Mann" oder „ausgerechnet als Frau" dies oder jenes Klischee bedient, genügt, um die Steuerung des Dialogs mittels des Meta-Dialogs erneut zu übernehmen.

Jede Aufwertung soll charmant zurückgewiesen werden. Denn es besteht die Gefahr, dass im Falle des einen oder anderen Kompliments be-

züglich Ihrer Männlichkeit/Weiblichkeit, das Sie sich gefallen lassen, auch das Recht abgeleitet wird, Sie in dieser Gesellschaftsrolle negativ zu bewerten. Besondere Sensibilität ist bei Diskussionen und Gesprächen zum Thema „soziales Geschlecht“ an den Tag zu legen.
Sparen Sie im privaten Leben nicht mit positivem Feedback gegenüber Ihrer Frau oder Ihrem Mann. Kein anderes Feld geht so unter die Haut. Kombinationen mit Feld 2 (Wertschätzung der Persönlichkeit) lassen in manchen Fällen die Scheiben Ihres Schlafzimmers beschlagen. „Du bist so ein/e wunderbare/r Frau/Mann, allein wie du liest/fernsiehst/lächelst bringt mich um den Verstand.“

Halten Sie die Fäden in der Hand. Bleiben Sie in der Balance. Der richtige Umgang mit Bewertungen der fünf Felder macht Sie zum Vollprofi.

Benützen Sie den Metadialog und die Felder des Selbstwertgefühls bewusst. Gestalten Sie Gespräche klimatisch, indem Sie Wärme und Kälte bestimmen. Lob öffnet und überwindet Distanzen, negative Bewertungen kühlen ab. Jegliche Veränderungen im Bereich des Selbstwertgefühls bringen den Partner/die Gegnerin aus der Balance oder stellen die verlorengegangene Balance wieder her.
Das Wissen darüber ermöglicht Ihnen einen souveräneren Umgang mit Angriffen und eine objektivere Sicht auf vermeintliches Süßholzgeraspel. Es hilft Ihnen, zwischen ehrlicher Anerkennung und Heuchelei zu unterscheiden.

Live-Interview, Diskussion und Talk

Weniger als 10 Prozent aller Interviews, die über elektronische Medien übertragen werden, finden live statt. Live-Interviews und Diskussionsrunden stellen eine besondere Herausforderung sowohl für Moderatorinnen als auch für Interviewpartner dar, da die Fragen und Antworten in der Sekunde von den Rezipienten zu hören und - in visuellen Medien - zu sehen sind. Dieses Bewusstsein verursacht in aller Regel nicht nur einen erhöhten Stresspegel, sondern setzt auch einige der bisherigen Steuer- und Kontrollmaßnahmen für Sie als Interviewpartner außer Kraft.
Während im geschnittenen Interview das Außerachtlassen der gestellten Frage oder das abrupte Beenden von Inhalten, die es - aus Ihrer Sicht als Interviewpartnerin - nicht wert sind, gehört zu werden, zielführende Maßnahmen sind, um Ihre Inhalte zu platzieren, muss der Dialog im Live-Interview aktiv mitgestaltet werden.
Rhetorische Maßnahmen sind Techniken, die Ihnen helfen, schneller an Ihre inhaltlichen Ziele zu gelangen. Sie sind perfekt geeignet, ohne viel Aufsehen und fast unbemerkt der Unterhaltung, dem Interview oder der Diskussion die gewünschte Richtung zu geben.

1. Rhetorische Maßnahmen

Ob Studiogespräch oder Talk, Sie haben wenig Zeit, das zu sagen, was Ihnen notwendig, wesentlich und wünschenswert erscheint. Häufig werden Ihnen einfach nicht die „richtigen Fragen" gestellt werden. Deshalb wird Ihnen nichts anderes übrig bleiben, als das Ruder selbst in die Hand zu nehmen.
Vier Highlights möchte ich in der Folge beleuchten, die Sie zum Einsatz bringen können, wenn es darum geht, die Richtung eines Gesprächs vorzugeben, zu ändern oder mitzubestimmen.

Kombinieren

Das Kombinieren kennen Sie bestimmt, da Sie es gut und gerne ein halbes Dutzend Mal am Tag verwenden, ohne zu wissen, dass Sie gerade eine glänzende rhetorische Rochade gemacht haben.

„Weil du gerade E sagst, …"

Jedes Mal, wenn Sie sich sagen hören „Weil du gerade X sagst, fällt mir ein, dass doch die Sowieso …!" oder „Weil du gerade X erwähnt hast, … ich bin vor Kurzem mit dem Sowieso …!", wechseln Sie damit das Thema eines Gesprächs und lenken es in eine Richtung, die Ihnen interessanter oder wünschenswerter erscheint. In privaten Gesprächen tun wir das oft, ohne damit eine bewusste Absicht zu verfolgen. Methodisch angewandt stellt ein solcher Richtungswechsel im Zuge eines Interviews im elektronischen Medium eine hervorragende Möglichkeit dar, das Gespräch zu lenken und zu kontrollieren. Warum?

Aus mehreren einfachen Gründen:

- Der Gesprächspartner, die Diskussionsteilnehmerin, der Interviewer denkt durch die Formulierung „Weil Sie gerade sagen …!", dass der kommende Inhalt mit dem bisher Gesagten in Zusammenhang steht.
- Die Wiederholung eines einzigen Wortes oder einer Phrase führt dazu, dass der Vorredner zuhören muss, weil er seine eigenen Worte wie ein Echo wieder hört. Und bei einem Echo wartet man eben ab, obwohl man doch schon längst weiß, was kommt.
- Der Gesprächspartner denkt, Sie würden sich mit seiner Sache befassen – und fühlt sich dadurch geschmeichelt.

Ein weiterer Vorteil, den Ihnen diese Technik beschert – und das macht sie erst recht zu einem medialen Trumpf – ist folgender: Das Publikum vor den Bildschirmen reagiert ähnlich den Gesprächspartnern und hält Sie für aufmerksam und ganz bei der Sache.

Beispiele

Frage:
„Sie haben als Managerin des Jahres die Latte für das nächste Jahr sehr hoch gelegt. Werden Sie im Stande sein, ein solches Ergebnis noch einmal zu schaffen?"
Kombination: „Weil Sie gerade sagen: Managerin des Jahres. Es geht mir darum, ein Konzept auf die Beine zu stellen, das ...!"

Der Managerin geht es darum, ihr neues Konzept vorzustellen. Vielleicht will die Geschäftsleitung das Thema lancieren. Noch bevor der Journalist das merkt, ist die Botschaft schon angekommen. Und darum geht es im Medium: die Botschaft - wenn es sein muss, am Journalisten vorbei - an den Zuseher zu bringen.

Weitere Beispiele

Aus einer Diskussion um einen mehr oder weniger geglückten Abfangjägerkauf:
Teilnehmer 1: „Die Gerüchte um die mangelnde Winterfestigkeit sind eine bloße Unterstellung. Es ist ... (an dieser Stelle wird er unterbrochen)."
Teilnehmer 2: „Weil Sie Gerüchte sagen! Es ist doch eine Tatsache, dass das gleiche Modell im Zuge einer Testreihe auf erbärmliche Ergebnisse gekommen ist."

Sie sehen, dass die Wiederholung eines einzigen Wortes genügt, um den Redefluss eines Gesprächspartners zu durchbrechen. Das Überraschende ist, dass Sie dabei nicht einmal einen direkten Bezug zu Ihrem Vorredner herzustellen brauchen.

In unserem Beispiel waren es die angesprochenen „Gerüchte". Jedes andere Wort hätte Ihren Zwecken aber genauso gut gedient.
Sie brauchen also die Wiederholung nur, um den Gesprächspartner „abzuklatschen", und gehen danach Ihre eigenen argumentativen Wege.

Paraphrasieren
Paraphrasieren bedeutet eigentlich, bereits Gesagtes mit eigenen Worten zu wiederholen, um es zu verdeutlichen oder um sicherzustellen, dass es richtig verstanden wurde.

Als rhetorisches Mittel eingesetzt, verschafft Ihnen die Paraphrase auch die Möglichkeit, dem Inhalt des Gegenübers eine bestimmte Bedeutung zu geben und eine willkürliche Mutmaßung anzustellen.

Paraphrasieren

„Aha, du meinst also, dass ..."

Beispiel

Jemand spricht von Einsparungen im personellen Bereich als probates Mittel gegen die drohende Konkurrenz aus den osteuropäischen Beitrittsländern. Sie sind Leiter einer HR-Abteilung und anderer Ansicht. So paraphrasieren Sie einfach den behaupteten Inhalt und geben ihm eine andere „Bedeutung".
Paraphrase: „Sie sind also der Meinung, bevor wir uns Gedanken darüber machen, wie unsere Produkte fit zu machen sind, streichen wir den Menschen im Unternehmen! Ich bin da ganz anderer Ansicht. Mein Ziel ist es, Mitarbeiter auf diese Situation entsprechend vorzubereiten, indem ...!"

Noch ein Beispiel

Eine Journalistin wirft Ihnen vor, Ihr Wissen für sich behalten zu haben. Wichtige Informationen hätten ihrer Ansicht nach viel früher bekannt gegeben werden müssen.
Paraphrase: „Sie sind anscheinend dafür, mit allem sofort an die Öffentlichkeit zu rennen. Im Zeitalter des Outens verständlich. Ich halte es so, dass ich vorher zu 100 Prozent sicher sein will, dass die Zahlen auch halten, was sie versprechen. Fakt ist: Wir haben im Jahr X ...!"

Die eine bekommt beim Anblick von Gartenzwergen Brechdurchfall. Der andere sieht in ihnen ein Symbol für Fleiß und Freundlichkeit. Die Dritte verbindet damit nostalgische Erinnerungen an den elterlichen Garten. Ein Weiterer erkennt im Gartenzwerg die versteckte Diskriminierung kleinwüchsiger Menschen.
Jede Meinung hat Schatten- und Lichtseiten. Aus diesem Grund ist auch die eigene Meinung nur ein Gesichtspunkt und keine absolute Wahrheit. Ärgern Sie sich also nicht zu sehr, wenn nicht jeder und jede Ihre Meinung teilt. Nehmen Sie es als Anregung, mit rhetorischen Maßnahmen ins Gespräch einzugreifen, um dezent die Schattenseite der fremden Ansicht mit dem Licht der eigenen Position zu tauschen.
Eine Meinung ist nicht mehr und nicht weniger als eine Position zu einem Thema. Um jedoch der eigenen Meinung ausreichend Raum zu geben, müssen Sie während eines Interviews oder einer Diskussion ans Wort kommen. Denn: „Raum bedeutet Macht".
Das Paraphrasieren kann auch dazu dienen, sich mit einer anderen Meinung anzufreunden. Es geht darum, die eigene Position zusätzlich ins Licht der vorhergegangenen Meinung zu stellen. So macht man sich Freunde und stellt innerhalb einer Diskussion positive Beziehungsachsen her. Einfach gesagt: Man bildet argumentative Teams.

Beispiel

Eine Journalistin äußert sich zur 0,0-Promille-Aktion und merkt an, dass die Gastronomie diese fürchtet wie der Teufel das Weihwasser. Sie bekleiden eine hohe Funktion in einer Interessenvertretung der Gastronomie und verstehen selbstredend, was die Journalistin mit dieser Äußerung meint. Also kombinieren Sie ihre „Lichtseite" mit der Ihren.
Paraphrase: „Und zusätzlich zu den vermeintlichen Einbußen untergräbt man das Gefühl der Selbstverantwortung erwachsener Menschen. Wir sollten viel mehr Wert darauf legen, Alternativen zu geben, als andauernd neue Reglements zu erfinden, um Strafen einzukassieren. Vielleicht könnte man ...!"

Die Zauberformel für die gelungene Paraphrase lautet:
„Verstehe ich Sie richtig? Sie meinen also, dass ...!"
Es geht scheinbar darum, etwaige Missverständnisse auszuräumen. Kaum etwas ist für den Rezipienten lästiger als das Gefühl, dass „die im Fernsehen" an der Sache vorbeireden.

Mit der simplen Paraphrase und deren Abwandlungen haben Sie sozusagen die „Lizenz zur Klarstellung".

Wer immer Ihnen gegenübersitzt, versucht sich in eigener Sache für ein Publikum verständlich zu machen. Wenn Sie das Gefühl beschleicht, „da ist mir etwas unklar" oder „das verstehe ich nicht", ist der richtige Zeitpunkt gekommen, um zu paraphrasieren: „Meinen Sie damit, dass ...?" oder „Liege ich richtig mit der Annahme, dass Sie glauben ...!"
Sie könnten natürlich auch ganz profan sagen: „Was meinen Sie damit?" oder „Wie bitte?" oder „Keine Ahnung, wovon Sie reden!" Doch damit vergeben Sie die Chance, den Inhalt des Gesprächs in die gewünschte Richtung zu lenken. Denn durch Fragen wie „Was?" oder „Wie meinen?" erlauben Sie dem Gesprächspartner, seine Botschaft erneut aufzurollen und vor dem Publikum auszubreiten.
Wenn Sie die gehörte Botschaft jedoch in Ihrem Sinne deuten und Ihre eigene anschließen, sind Sie am Zug. Außerdem werden Zusehende den Eindruck gewinnen, Sie wären um Klarstellung bemüht, und werden dies als verbindende Maßnahme werten. Damit steigen wiederum Ihre Sympathiewerte.

Darüber hinaus nützen Sie die Möglichkeit, das Gespräch zu steuern, indem Sie die Annahme – also das Bild, das Sie entwerfen – genau so gestalten, wie es Ihnen gefällt.

Beispiel

Sie sind Architektin und wollen auf die Zwänge im Bauwesen zu sprechen kommen. Unter anderem diskutiert mit Ihnen auch ein Einrichtungsarchitekt, der sich gerade unheimlich ins Zeug legt. Es spricht über Holz, Glas, Stein und Kunststoffinstallationen. Sie möchten nun endlich zu den Ihnen wichtigen Inhalten kommen und ziehen Ihre Lizenz zum Paraphrasieren aus der Tasche. „Wenn ich Sie richtig verstehe, steckt da der Wunsch nach völliger Freiheit im Herstellen von X drin! Im Bauwesen finden Sie gerade zu diesem Thema ...!"

Noch ein Beispiel

Journalistin zum Landwirtschaftsminister (vorwurfsvoll): „Kein Mensch kennt sich mit Vieh und Fleischsorten aus. Da hat man doch versäumt, ähnlich wie beim Wein die Menschen zu sensibilisieren?"

Minister: „Wenn ich Sie richtig verstehe, reden Sie vom ‚Feinkostladen Landwirtschaft'. Und zu Recht! Wir haben vor Kurzem den Startschuss zu Projekt X gegeben, indem ...!"

Klar, dass der Minister schon vorher wusste, worüber er in diesem Interview reden würde. Durch die rhetorische Maßnahme bestimmt er den Verlauf des Gesprächs, ohne sich dem Vorwurf auszusetzen, er wäre der Interviewerin permanent ausgewichen.

Bilanzieren

Bilanzieren bedeutet im Kontext der Gesprächsführung die Möglichkeit, einen Schlussstrich zu ziehen, wo immer Sie ihn haben möchten. Die Methode der Bilanz ist deshalb eine hervorragende Art, am Ende einer langwierigen Diskussion auf die Punkte aufmerksam zu machen, die Ihnen im Gespräch wichtig waren und von denen Sie deshalb möchten, dass der Zuseher sie noch einmal zu hören bekommt.

Bilanzieren

„Lass mich noch einmal zusammenfassen ..."

Das elektronische Medium macht *niemals Pause.* Vierundzwanzig Stunden, Tag und Nacht bewegt es sich vorwärts, hält niemals still und gibt Zusehenden keine Möglichkeit, kurz zu verschnaufen, um sich etwas einzuprägen oder gar ein Weilchen über ein angesprochenes Thema nachzudenken.

So verhält es sich selbst bei ausgestrahlten Spielfilmen. Während noch vor wenigen Jahren der Nachspann eines Films Zusehenden eine Gelegenheit zu kurzer Reflexion und zum Verdauen entstandener Emotionen bot, beginnt heute schon beim Schlusstakt des gesehenen Streifens die Werbung in eigener Sache für das eigene Programm, die sogenannte Promotion. Die Erfindung der Fernbedienung und die Fülle der Programme haben zur Folge, dass die kleinste Unterbrechung des Programms genügt, um die Seher als Kunden zu verlieren.

Rezipienten haben nun die Möglichkeit, „wegzuzappen", sprich den Kanal zu wechseln, ohne sich aus dem Fernsehstuhl erheben zu müssen – und sie nutzen sie. Also erhalten sie von einer zunehmenden Zahl von Sendern jeden Tag 24 Stunden Programm.

Diese „Pausenlosigkeit" des gesendeten Programms trägt als wichtiger Faktor dazu bei, dass Fernsehen und Radio als „emotionale Medien" zu sehen (und zu verwenden) sind, während die Zeitung ein „intellektuelles Medium" darstellt. Auch inhaltlich wenig hochwertige Printmedien räumen dem Leser die Gelegenheit ein, im Lesen kurz innezuhalten, nachzudenken, etwas zu speichern und danach gemächlich weiterzulesen – genau an der Stelle, an der der Lesefluss zuvor unterbrochen wurde. Die Möglichkeit, innezuhalten und die Dauer der intellektuellen Verarbeitung selbst zu bestimmen, genügt dem menschlichen Gehirn, um das Tempo dem Verständnis anzupassen.

Wenn Sie dagegen während des Fernsehens oder des Radiohörens nur einmal kurz „in sich gehen", um zum Gehörten eigene Verknüpfungen herzustellen oder eigene Gedanken anzuhängen, läuft das Programm trotzdem weiter und erzeugt so eine Verständnislücke, weil Sie weitere Inhalte verpasst haben. Geschieht dieses „innere Abschweifen" des Zuhörers, während im Medium ein komplexer Inhalt erklärt wird, kann es geschehen, dass Sie völlig den Faden verlieren.

Sie können das gleiche Phänomen auch als Zuhörer einer Podiumsdiskussion beobachten: Der sogenannte innere Monolog lässt Sie kurz mit sich selbst diskutieren, also die eigene Meinung mit der der Diskussionsteilnehmerin vergleichen, schon galoppieren die Themen ohne Ihre geistige Teilnahme weiter und Sie stehen vor der Aufgabe, leicht verzögert wieder den Anschluss an die Diskussion zu finden. Auf jeden Fall ist Ihnen etwas entgangen.

Es gibt also viele Gründe, die dafür sprechen, am Ende eines Themas oder eines Aspekts zu bilanzieren und eine kurze Zusammenfassung der wichtigsten Punkte zu machen. Die Bilanz erzeugt auch Kontrolle

bezüglich der Nachhaltigkeit einer Information. Von dem, was am Ende noch einmal in kurzer und prägnanter Form wiederholt wird, bleiben bis zu 90 Prozent in der Erinnerung der Rezipienten haften.
Wie Sie bereits wissen, ist es meist kaum möglich, zu wiederholen, was am Tag zuvor in den Abendnachrichten berichtet wurde oder was im Zuge einer dreißigminütigen Gesprächsrunde die einzelnen Diskussionsteilnehmerinnen zum Thema X beigetragen haben.

Um dem Vergessen vorzubeugen, ist es wichtig, Inhalte öfter ins Rennen zu schicken und Redundanz (Wiederholung) zu erzeugen.

Wenn es Ihnen gelingt, am Ende eines Kapitels oder eines Themas noch einmal herauszuheben, was wichtig war, vervielfachen Sie die Chance, dass Ihre „doppelt unterstrichenen" Punkte den Zusehern im Gedächtnis bleiben und damit selbstverständlich andere in Vergessenheit geraten.
Auch gute Journalisten und Journalistinnen tun dies regelmäßig. Tun Sie es auch. Das Schlusswort ist nicht umsonst so beliebt.

Beispiele

„Für mich gilt nochmals X, Y, und Z!"
„Lassen Sie mich nochmals unterstreichen, wie wichtig es ist, dass ...!"
„Es freut mich, dass wir heute darüber reden konnten, wie X funktioniert, vor allem unter dem Gesichtspunkt Y!"
„Also, mir war ganz wichtig, dass X, Y und Z!"

Gesprächspartner beim Namen nennen

Die einfachste Methode, Ihre Gesprächspartnerin in ihrem Redefluss zu stoppen, soll an dieser Stelle erwähnt sein:Nennen Sie einfach den Namen Ihres Visavis und senden Sie sogleich Ihre Frage beziehungsweise Ihre Botschaft. Die Betonung liegt auf „sogleich" und bedeutet: „im selben Atemzug".
Falsch angewendet hört man diese Methode leider viel zu oft. „Frau Maier, äh, Sie, äh ...", und schon redet Frau Maier weiter, denn das kurze „Äh" genügt, damit sie wieder den Anschluss findet.
Zumeist entstehen solche Situationen durch den Umstand, dass der Unterbrecher zwar möchte, dass die andere zu reden aufhört, weil er end-

lich selbst ans Wort kommen will, aber nicht genau weiß, was er eigentlich sagen wird. Die innere Unsicherheit spiegelt sich dann in den vermaledeiten „Ähs“ wieder, die der Gesprächspartnerin die Zeit geben, wieder den roten Faden zu finden.
Bevor Sie sich also entschließen, Ihre Gesprächspartner zu unterbrechen, sollten Sie sich darüber im Klaren sein, was Sie fragen oder sagen möchten, sonst ist der Ablenkungseffekt dahin.

Der Name eines Menschen ist Identität. Wann immer Sie Ihren Namen hören, sind Sie für einen kurzen Augenblick abgelenkt. Vollkommen automatisch richten Sie Ihre Aufmerksamkeit für Sekundenbruchteile in Richtung Ihres Namens.

Beobachten Sie sich selbst. Gleich, wo Sie unterwegs sind, ob Sie dort bekannt sind oder nicht, wenn in unmittelbarer Nähe Ihr Name gerufen wird, ist Ihre Aufmerksamkeit für einen kurzen Moment zur Stelle.
Diese kurze Zeitspanne der Ablenkung kann in medialen Gesprächssituationen genützt werden, wenn sie beim Gesprächspartner bewusst erzeugt wird. In genau diesem Moment der Abgelenktheit vom Thema muss Ihre Frage oder Ihre Botschaft kommen. Dann sind Sie am Drücker. Wenn Sie zögern, ist es zu spät. Dann spricht Maier.

2. Dramaturgische Strategien

Ein Live-Interview im Studio hat einen vorgegebenen, fixen, immer ähnlich konzipierten Ablauf. Dieser strenge Ablauf kann von Ihnen geändert werden, wenn es Ihnen darum geht, die Richtung des Gesprächs selbst zu bestimmen.

Der Rahmen

Der moderierende Journalist hat alle Hände voll zu tun. Vieles davon bleibt dem Rezipienten vor dem Fernsehgerät verborgen. Für Sie aber ist wichtig, zu wissen: Nichts ist nervenaufreibender, als eine Live-Sendung mit Interviews zu bestreiten. Der Sendungsablauf ist auf die Sekunde genau einzuhalten. Die Beiträge müssen an- und abmoderiert werden. Ein Auge sieht nach, ob der geplante nächste Filmbeitrag auch tatsächlich bereit steht. Gleichzeitig müssen seine Gedanken bei der *Autocue* sein,

der technischen Einrichtung, die es erlaubt, in die Kamera zu sehen und gleichzeitig den Text zu lesen. Die Interviews sind durchwegs samt Fragekatalog in ihrem Ablauf geplant, damit der Moderator sich auf die Reaktionen und möglichen rhetorischen Maßnahmen des Gesprächspartners konzentrieren kann. Daneben hat er die volle Verantwortung für den zeitlichen Ablauf des Interviews und der gesamten Sendung, denn jede überzogene Sekunde bedeutet für den Sender den Verlust wertvoller Werbezeit.
Der Moderator hat neben dem Gespräch, das er mit Ihnen führt, also noch eine Menge anderer Dinge im Kopf. Jede Abänderung des ursprünglichen Interviewablaufs, das heißt jeder Eingriff in das dramaturgische Konzept des Interviewers, irritiert im höchsten Maß.

Anleitung zum Durchbrechen der dramaturgischen Strategie
Zum besseren Verständnis einige Informationen zum Rahmen eines Live-Interviews:

- Vor jedem Studio-Interview läuft ein Filmbeitrag. Den sehen Sie im Studio in voller Länge, genauso wie das Publikum zu Hause.
- Danach folgt eine Moderation, die den Bezug zwischen dem Beitrag und dem Interview mit Ihnen herstellt. Etwa so: „Sie sehen, meine Damen und Herren, jede Menge Probleme in Sachen X. Bei mir diesbezüglich im Studio zu Gast Frau Soundso ..."
- Erst danach folgt die erste Frage, das Interview beginnt.
- Am Ende des Interviews bedankt und verabschiedet sich der Moderator bei Ihnen und geht zum nächsten Thema über, beispielsweise mit „Wir kommen zur Innenpolitik!" oder Ähnlichem.

Sie können dieses stereotype System benützen, um Ihre Botschaften zielgerecht an die zusehenden Haushalte zu adressieren. Niemand zwingt Sie oder kann von Ihnen verlangen, auf redaktionelle Ziele Rücksicht zu nehmen, die nicht die Ihren sind.
Theoretisch kann die Irritation schon bei der Begrüßung beginnen.

Steuern durch die nachgezogene Begrüßung
Wie besprochen leitet der Moderator mit Worten wie „... dazu bei mir zu Gast: Frau Sowieso. Schönen guten Abend." auf Sie über. Er erwartet sich selbstverständlich, ebenfalls gegrüßt zu werden, damit der formale Akt „Begrüßung im Studio" abgeschlossen ist. Vielleicht liegt der Mode-

rator mit seiner Annahme dieses Mal jedoch falsch und Sie brechen den vorgegebenen Ablauf. Lediglich mit einem Nicken geben Sie zu erkennen, dass Sie die Begrüßung wahrgenommen haben. Erst nach der ersten Frage sagen Sie: „Schönen guten Abend, Herr Abc“ und hängen sofort eine Transition an (siehe weiter unten: „4. Transitions“).
Das könnte in der Praxis etwa so aussehen:

Beispiel

Moderator: „... also eine Menge Probleme, meine Damen und Herren. Dazu bei mir zu Gast, Frau Sowieso. Schönen guten Abend!“
Sie: Nicken.
Moderator: „Was genau machen Sie im Falle X?“
Sie: „Schönen guten Abend, Herr Abc. Folgendes erscheint mir wesentlich zu sein: ...!“

Mit dem Bruch des Begrüßungsrituals nützen Sie mehrere Phänomene zur gleichen Zeit. Es braucht im elektronischen Medium nur etwa 4 Sekunden, um einen Inhalt vergessen zu machen. Ganz gleich, ob dieser Inhalt ein Argument ist oder eine Frage. Diese 4 Sekunden nimmt zur Gänze Ihre Begrüßung ein. Damit ist die erste Frage des Interviewers in der Erinnerung der Rezipienten gelöscht und Sie können auf Ihre vorbereitete Botschaft zusteuern, zum Beispiel mit Unterstützung einer Transition (zum Beispiel: „Folgendes erscheint mir wichtig zu sein ...!“), dem sogenannten „roten Teppich“ für das eigene Argument.

Steuern durch Bezugnahme auf den Filmbeitrag
Falls der Moderator – obwohl er dadurch Zeit verliert und sein Ablauf massiv geändert wurde – dennoch geistesgegenwärtig reagiert und sagt: „Das war aber nicht die Antwort auf meine Frage!“, können Sie getrost rückfragen: „Was war denn die Frage?“
Spätestens jetzt hat das Publikum die vorangegangene Frage vergessen. Durch Ihre Frage sind Sie den Zuschauern also in diesem Moment „näher“ als der Moderator.
Vermutlich wird der Moderator auch – das zeigt die Praxis – seine Frage abändern, weil niemand gerne zweimal genau dieselbe Formulierung einer Frage verwendet. Sie selbst hatten Zeit, sich eine Antwort zu überlegen oder eine erneute rhetorische Maßnahme zu planen.

Außerdem haben Sie durch die Frage „Was war denn die Frage?" den Spieß umgedreht, denn üblicherweise stellt der Interviewer die Fragen. Zu guter Letzt haben Sie auf jeden Fall Ihre Botschaft platziert, also perfektes Themenmanagement betrieben.
All das wird zu einem umfassenden Paket an Aufgaben für den Interviewer, der nun, anstelle sich listige Fragen für Sie zu überlegen, am veränderten Ablauf knabbert.
Weiter in unserem Beispiel:

Beispiel (Fortsetzung)

Moderator: „... also eine Menge Probleme, meine Damen und Herren. Dazu bei mir zu Gast im Studio, Frau Sowieso. Schönen guten Abend!"
Sie: Nicken.
Moderator: „Was genau machen Sie im Fall X?"
Sie: „Schönen guten Abend, Herr Abc. Folgendes erscheint mir wesentlich zu sein: ...!"
Moderator: „Das war aber nicht die Antwort auf meine Frage!"
Sie: „ Tja, was war denn Ihre Frage?"
Moderator: „Was planen Sie jetzt, wenn Sie diese Probleme nicht in den Griff bekommen?"

Und schon sind Sie bereit, die ungeheure Kraft der Steuerung durch dramaturgische Eingriffe fortzusetzen. Denn der Filmbeitrag, der vor dem Interview gelaufen ist, bot Ansatz und Anlass für Ihr nächstes vorbereitetes Argument. Das heißt, Sie lenken schon wieder kräftig in die von Ihnen gewünschte Richtung.
Alle – Zuseherinnen und Zuseher und vermutlich auch der Moderator – werden Ihnen folgen, denn die Bilder des Filmbeitrags sind „repräsentativ-symbolisch" und damit ideal für das Medium Fernsehen. Nichts hat mehr Überzeugungskraft als die Bilder, die es uns zeigt.
Damit sind wir wiederum bei einem inneren Programm gelandet: „Das muss ich sehen, um es zu glauben!" Sie nutzen also die Kraft der Bilder, um das Interesse des Publikums dorthin zu verlagern, wo Sie es haben wollen. Jeder wird sich für den Zusammenhang mit dem Film mehr interessieren als für eine abstrakt-verbale Anfrage.

Steuern durch Bezug auf das eigene Anfangsstatement und die Einmoderation

In unserem Beispiel geht es so weiter:

Beispiel (Fortsetzung)

Moderator: „Das war aber nicht die Antwort auf meine Frage!"
Sie: „Tja, was war denn Ihre Frage?"
Moderator: „Was planen Sie jetzt, wenn Sie diese Probleme nicht in den Griff bekommen?"
Sie: „Wie wir im Film gesehen haben, gibt es im Bereich Marketing ein Licht am Ende des Tunnels. Wir können also getrost darauf vertrauen, was Frau F. im Beitrag gesagt hat, nämlich ...!"
Moderator: „Okay! Sie wollen darauf nicht antworten!"
Sie: „Das Gegenteil ist der Fall. Ich habe nämlich eingangs gesagt, was wichtig ist, und da möchte ich nicht hinter dem Berg halten, dass mein Team ...!"

Und schon wieder ist es passiert. Da Sie zu Anfang des Interviews Themenmanagement betrieben haben, kommen Sie jetzt in den Genuss, sich auf sich selbst beziehen zu können.

Das ist eine weitere Möglichkeit zum Steuern, Führen und Kontrollieren des Interviews.

Sie können auch noch einen Schritt weiter gehen und sich nicht selbst zitieren, sondern die Eingangsmoderation des Moderators als Anknüpfungspunkt heranziehen, indem Sie die Formulierung „Wie Sie schon zu Beginn des Interviews dargestellt haben ..." verwenden. Selbst wenn der Interviewer nichts dergleichen gesagt hat, kann er das Gegenteil nicht beweisen. Das soll auf keinen Fall eine Aufforderung zu Unterstellungen sein – aber funktionieren würde es.

3. Themenmanagement und Image

Wenn Sie in einem Interview oder einer Diskussion im elektronischen Medium punkten möchten, ist ein wichtiger Aspekt, um den Sie sich kümmern müssen, das Themenmanagement. Sie sollten also gezielt planen, wie Sie Ihrer eigenen Meinung im Zuge eines Gesprächs Platz verschaffen. Zum Zweiten muss es Ihnen um den guten Eindruck gehen, den es den Zusehenden zu Hause zu vermitteln gilt, dem Image (siehe

Kapitel „Das Image"). Punkt eins können Sie dann als erledigt betrachten, wenn Sie drei Argumente als 3-Block und als 3-Block-Plus (siehe Kapitel „Der 3-Block") untergebracht haben.

Einen weiteren entscheidenden Punkt stellt die richtige Dosis dar. Sie ist das Maß aller Dinge. Bei der Erkennung der richtigen Dosis hilft Ihnen eine Unterteilung in drei Themenfelder. Unterscheiden Sie:

1. Was ist notwendig?
2. Was ist wesentlich?
3. Was ist wünschenswert?

Zur Wiederholung:

1. Das Notwendige ist der Teil Ihrer Botschaft, der *unbedingt gesagt werden muss.* Das Entscheidende. Das Grundsätzliche. Bei einer Hochzeit ist das Notwendige beispielsweise das Wort „Ja".
2. Das Wesentliche ist das, was die Sache verdeutlicht. Was wichtig ist. Also zum Beispiel, wer wen heiratet. Oder ob kirchlich oder standesamtlich.
3. Das Wünschenswerte ist ein Detail, das Ihnen am Herzen liegt. Im Bild der Hochzeit so etwas wie ein persönliches Highlight. Vielleicht das Anstecken der Ringe. Vielleicht der Kuss. Vielleicht der Schwur „... bis dass der Tod euch scheidet".

Ich gehe davon aus, dass Sie in Ihrer Funktion als Expertin oder Interessenvertreter, Betroffene oder Prominenter, mehr Dinge zu sagen haben als deren drei. Doch beschränken Sie sich bitte selbst. So können Sie konzentriert und zielorientiert vorgehen.

Mit drei Stichworten, die Sie als Struktur im Kopf behalten können, verlieren Sie niemals die Übersicht. Sagen Sie lieber mehrere Male das Gleiche mit ähnlichen Worten, als sich in Ihrem Fachgebiet zu verlieren.

Im Augenblick des Interviews Sachverhalte neu zu erfinden, hat zumeist fatale Folgen. In einer Gesprächssituation im Medium sollte Ihre gesammelte Energie nicht in eine neue Kreation fließen, sondern in die Umsetzung.

Um unbeschwert umsetzen zu können, sollten Sie die Techniken zum Steuern und Kontrollieren beherrschen und wissen, welche Mechanismen sich dahinter verbergen. Eine Technik, die sich nicht beweisen und nicht zurückverfolgen lässt, bleibt immer ein Experiment. Lassen Sie sich darauf bei einem Medienkontakt nicht ein. Vertrauen Sie auf intelligente und bewährte Instrumente.

Zurück zu unserem Live-Interview im Studio: Durch die Ihnen bisher bekannten Methoden der dramaturgischen Eingriffe haben Sie die Möglichkeit, sich in einem Interview oder einer Diskussionsrunde den nötigen Raum zu verschaffen, um Ihre mitgebrachten Argumente vorzubringen.

Damit haben Sie Notwendiges, Wesentliches und Wünschenswertes voll umgesetzt. Ein zusätzlicher Effekt ist die Zufriedenheit, Selbstsicherheit und Genugtuung darüber, dass sich Ihre Vorbereitung gelohnt hat. Dieser „Bonustrack“ wirkt sich auf Ihre Stimmung aus. In guter Verfassung schwindet die Nervosität und weicht dem Eindruck der Selbstsicherheit und Ruhe, also zwei Eigenschaften, die beim Publikum mit Sicherheit einen positiven Eindruck hinterlassen.

4. Transitions

Als „Transition“ wird das methodische Überbrücken vom Inhalt des Vorredners oder des Interviewers zum eigenen Anliegen bezeichnet. Eine gute Überleitung kann den Eindruck erwecken, der eigene Inhalt wäre wertvoller und das eigene Anliegen von größerer Wichtigkeit als das der Vorrednerin.

Im Grunde hebt jede Über-Brücke das Gespräch auf eine nächste, höher liegende Ebene. Transitions selbst sind eigentlich nur der Hinweis darauf, dass es ab jetzt um etwas anderes geht, eben um etwas Wichtigeres.

Beispiel

Moderatorin: „Herr Bundeskanzler, Sie haben mit Ihrer Aussage zur Europäischen Union und deren Tendenz, auseinanderzudividieren, was eigentlich zusammengehört, negative Reaktionen ausgelöst. Ist das die richtige Taktik? Quasi Öl ins Feuer zu gießen?“

Der Kanzler könnte sich jetzt winden, versuchen, sich in der Sache selbst zu rechtfertigen. Sagen, dass das ja nicht so gemeint war. Stolz auf sich sein, seine Meinung kundgetan zu haben. Oder die Schuld bei anderen suchen.

Nichts davon ist erforderlich. Er wählt eine Transition und knüpft daran seinen längst vorbereiteten Text.

Kanzler: „Frau Redakteurin. Worum geht's denn hier eigentlich? Was ist denn die Crux dieser Geschichte? Seit mehr als drei Monaten gibt es im Ministerrat ...!"

Der Kanzler stellt sich die Frage, was hier eigentlich wichtig ist, einfach selbst. Anstelle sich mit dem Vorwurf, den die Interviewerin an ihn gerichtet hat, auseinanderzusetzen, wechselt er auf eine scheinbar übergeordnete Ebene. Eine, die ihm würdig erscheint, besprochen zu werden. Die vorangegangene Frage wirkt dadurch plötzlich profan und unwürdig, überhaupt beantwortet zu werden.

Durch eine direkte Bewertung der Frage wird dieser Mechanismus noch eindeutiger. In unserem Fall etwa so:

Moderatorin: „Herr Bundeskanzler, Sie haben mit Ihrer Aussage zur Europäischen Union und deren Tendenz, auseinanderzudividieren, was eigentlich zusammengehört, negative Reaktionen ausgelöst. Ist das die richtige Taktik? Quasi Öl ins Feuer zu gießen?"

Kanzler: „Frau Redakteurin, das klingt mir zu sehr nach Binsenweisheit. Worum geht es denn eigentlich ...?"

oder freundlicher:

Kanzler: „Frau Redakteurin, Sie beobachten hier leider bloß die Oberfläche. Doch worum geht es denn eigentlich ...?"

Das Prinzip ist einfach und auch für Sie jederzeit anwendbar. Sie geben vor, nicht bloß an einem oberflächlichen Detail, sondern am Kern einer Sache interessiert zu sein. Oder an deren großen Zusammenhängen. In jedem Fall wechseln Sie in die nächsthöhere Instanz.

Es gibt auch die Möglichkeit, eine Transition lediglich als Wegweiser zu verwenden. Dazu genügt es, schlicht und einfach auszusprechen, was man als Nächstes tun wird. Wenn Sie hin und wieder Selbstgespräche führen, sind Sie auf dem besten Weg, was diese Technik angeht. Mit Wendungen wie „Ich werde" beziehungsweise „Ich werde jetzt" leiten Sie Ihr Statement ein.

Beispiel

Moderatorin: „Sie sind immer wieder Stein des Anstoßes, wenn es um die Diskussion der Rentenbesteuerung geht. Sie scheinen am Konsens kein Interesse mehr zu haben!"

Kanzler: „Ich werde jetzt Folgendes sagen, Frau Redakteurin! In den vergangenen zwei Jahren hatte ich genug Gelegenheiten, ausführlich darüber zu diskutieren. Für den Fall, dass wir im Jahr 2009 noch immer keine Reform haben, wird sich die Belastung für ...!"
Ab den Worten „Im Falle, dass wir im Jahr 2009 ...!" ist der Herr Kanzler inhaltlich längst über alle Berge und gut aufgehoben bei seinen notwendigen, wesentlichen und wünschenswerten Argumenten. Die Tatsache, dass das Versprochene eintritt, nämlich dass der Herr Kanzler unserer Moderatorin etwas sagen wird, genügt.

Wenn Sie im Verkehr vor einer Kurve sagen: „Ich werde jetzt rechts abbiegen", und dies in der Folge auch tun, machen Sie auf Ihren Beifahrer oder auf Ihre Beifahrerin einen kompetenten, verlässlichen Eindruck.
Wenn Sie Ihre Ankündigung wie im vorangegangenen Beispiel noch zusätzlich erhöhen und somit zwei Transitions verknüpfen, werden Sie in den Augen Ihres Partners „Fahrer des Jahres".
Ihre Äußerung könnte dann zum Beispiel so klingen: „Wir wollen ein paar Minuten Zeit sparen. Ich biege rechts ab!" Dann brauchen Sie nur noch abzubiegen und die Sache hat sich.
Ich hoffe, Sie kommen nicht auf die Idee, das vor jeder Kurve zu tun, und bin zuversichtlich, dass Sie es in Interviewsituationen, Diskussionen und Talks ebenso halten.
Die Charts der besten zehn Transitions sollen dieses Kapitel abschließen. Stellen Sie sich bitte beim Lesen immer dieselbe Frage oder in unserem Fall: denselben Vorwurf vor.
Moderator: *„Sie sind immer wieder Stein des Anstoßes, wenn es um die Diskussion der Rentenbesteuerung geht. Sie scheinen am Konsens kein Interesse mehr zu haben!"*

Transitions

1. Worum geht es den Menschen eigentlich? Es geht doch darum ...!
2. Wir haben hier ein viel größeres Problem, denn hier geht's im Grunde um X.
3. Wir müssen versuchen die Zusammenhänge zu sehen!
4. Wir müssen uns nur fragen, warum ist das so? Und wenn wir ganz genau hinsehen, erkennen wir das Um und Auf dieser Angelegenheit! Nämlich X!

5. Ich habe viel über diese Frage nachgedacht, und erst vor Kurzem habe ich erkannt, was in dieser Sache eigentlich zählt!
6. Es geht um viel mehr. Es geht um nichts Geringeres als um die ...!
7. Es geht nicht darum, was Sie wollen oder ich! Es geht darum, was aus X wird!
8. Wer das behauptet, sieht die letzte Konsequenz nicht. Es ist jetzt das Wichtigste, dass ...
9. Es ist zu ernst, um auf Nebenschauplätzen zu kämpfen. Wir sollten vielmehr darauf achten, dass ...!
10. Wir landen in dieser Causa immer beim selben Punkt. Beim Punkt 10.

Ein kleines, wohlmeinendes „Frau Abc" oder „Herr Redakteur" vorangestellt bringt die Transition-Varianten voll zur Geltung.

Fragen Sie deshalb den Interviewer oder die Interviewerin vor dem Gespräch immer nach der konkreten Funktion, dem Vor- und Zunamen und - zumindest in Österreich - nach dem akademischen Grad.

5. Das starke Ende

... und gleichzeitig *die 5. Gelegenheit zum Steuern* kommt zum Schluss. Zeit spielt im Interview eine übergeordnete Rolle. Zahlreiche Diskussionen oder Talks werden mit den Worten „Wir haben leider keine Zeit mehr ..." beendet oder es wird mit dem Hinweis auf Zeitnot zumindest das nahe Ende angekündigt und die letzte Frage gestellt. Dann ist es höchste Zeit, im wahrsten Sinne des Wortes noch ein allerletztes Mal das Ruder an sich zu reißen und ohne Rücksicht auf die Wünsche des Interviewers mit:„Bevor wir abschließen, muss ich unbedingt noch sagen, dass ...!" zum eigenen Happy End zu kommen.

Erfragen Sie unbedingt vor jeder Unterhaltung im Studio die dafür vorgesehene Zeit, denn im Ernstfall können Sie selbst die Notbremse ziehen und in Eigeninitiative auf die wenige verbliebene Zeit hinweisen, um ein letztes Mal auf Ihr Thema überzuleiten.

Beispiel

Moderator: „Das war aber nicht die Antwort auf meine Frage!"
Sie: „Tja, was war denn Ihre Frage?"
Moderator: „Was planen Sie jetzt, wenn Sie diese Probleme nicht in den Griff bekommen?"
Sie: „Wie wir im Film gesehen haben, gibt es im Bereich Marketing ein Licht am Ende des Tunnels. Wir können also getrost darauf vertrauen, was Frau F. im Beitrag gesagt hat, nämlich ...!"
Moderator: „Okay! Sie wollen darauf nicht antworten!"
Sie: „Das Gegenteil ist der Fall. Ich habe nämlich eingangs gesagt, was wichtig ist, und damit möchte ich nicht hinter dem Berg halten! Mein Team hat ...!"
Moderator: „Schön. Sind Sie aber auch auf den Fall X vorbereitet?"
oder
Sie: „Wie Sie selbst am Anfang gesagt haben, sind wir auf der Suche nach Lösungen. Wir sind deshalb der Auffassung, dass ...!"
Moderator: „Das klingt logisch, doch in der Praxis wird das schwer zu verwirklichen sein! Wie sieht es denn mit der Finanzierung des Ganzen aus?"
Sie: „Da möchte ich noch mal auf den Film von vorhin zu sprechen kommen, der eindeutig zeigt, worum es im Eigentlichen geht. Wir werden in wenigen Wochen in der Lage sein ...!"
Moderator: „Die Zeit läuft uns davon! Wer wird das Ganze jetzt finanzieren?"
Sie: „Gerade, weil uns die Zeit davonläuft, ist es um so wichtiger, festzuhalten, dass sich kein einziger Mensch im Stich gelassen fühlen darf, wenn es darum geht ...!"
Moderator: „Danke für Ihr Kommen, Frau Sowieso!"
Sie: „Vielleicht sind wir in der Sache X ein Stück weiter gekommen. Auf Wiedersehen."
Moderator: „Wir kommen zu den Börse-News ...!"

Bei der Verabschiedung bedankt sich der Journalist für Ihr Kommen. Aus der täglichen Fernsehpraxis wissen Sie, dass die Studiogäste sehr oft mit „Danke, dass ich kommen durfte!" zurück danken. Lassen Sie das sein. Sie entwerten sich damit.

Lassen Sie sich und Ihre Botschaften bedankt sein. Das erhöht Sie. Sie können trotzdem freundlich, mit emotionaler Wärme „Schönen guten

Abend“ sagen. Außerdem gebührt Ihnen der Dank tatsächlich, denn immerhin haben Sie den Weg ins Studio auf sich genommen. Immerhin sind Sie die Expertin in Sache X, die ihre Zeit geopfert hat.
Die hier angeführten Beispiele kommen vor allem aus dem Bereich der Kontroversen. Somit häufen sich die Auseinandersetzungen, sprich, der Konflikt dringt dauernd durch, und man gewinnt den Eindruck, dieser Wagner schürt nur Zank und Zoff. Das ist nicht meine Absicht.
In vielen Interviewsituationen trifft sich Ihr Ziel mit den Absichten des Journalisten. Das heißt, Sie haben mit dieser Frage gerechnet oder sie passt einfach zu dem, was Sie zu sagen haben. Solange alles läuft wie am Schnürchen, sollen Sie schnurren und pfeifen, wie es Ihnen beliebt. Sie sollen sich aber aus der Affäre ziehen können, wenn es für Sie nötig wird. Und dieses Buch soll Sie in die Lage versetzen, eine schwierige Ausgangssituation so gestalten zu können, dass Sie unbeschadet daraus hervorgehen.

Print

Als Ende 2008 die Wirtschaftskrise ausbrach, prophezeite man den Printmedien ein schlimmes Jahr 2009. Der Grund dafür liegt auf der Hand: Die Einnahmen aus den Inseraten gingen wesentlich zurück und damit waren die Verlagshäuser einem besonderen wirtschaftlichen Druck ausgesetzt. Nun – das Jahr 2009 ist vorbei und eine überwiegende Anzahl an Zeitungen und Zeitschriften lebt immer noch; ein guter Hinweis darauf, dass Printmedien ein nicht wegzudenkender Teil unserer Medienlandschaft sind.

Mit Zeitungen werden Tag für Tag beachtliche Anteile der Bevölkerung erreicht. Untersuchungen kommen zu einem Ergebnis von 70 Prozent. Die ständige Verfügbarkeit der Zeitung sowie die Autonomie, wo auch immer und wann auch immer zu lesen, sind klare Vorteile von Printprodukten. Nach wie vor bestätigt sich, dass Zeitungen und Zeitschriften einen hohen Beliebtheitsgrad haben. Vor allem, wenn es um politische Ereignisse im In- und Ausland, um Wirtschaft oder um Kultur und Wissenschaft geht. Ganz abgesehen von den Promiberichterstattungsseiten und Tratsch- und Klatschmedien. – Die wir alle natürlich niemals lesen würden!

Dabei sei daran erinnert, dass im Sinne von Verstehen, Merken und Weitersagen das Printmedium als einziges klassisches Massenmedium die Möglichkeit bietet, das Tempo der Nachricht selbst zu steuern, das heißt die Lesegeschwindigkeit selbst zu bestimmen. Ebenso bemerken Sie als Leserin oder Leser, wann es Zeit für eine Pause ist und wann der richtige Zeitpunkt gekommen ist, um weiterzulesen. Im Falle des Unverständnisses von komplexen Themen beim ersten Überlesen haben Sie als Leser die Möglichkeit, den Artikel beziehungsweise die Passage ein zweites Mal zu lesen. Im Notfall könnten Sie die Nachricht auch auswendig lernen. Nicht, dass man ständig davon Gebrauch machen würde, dennoch ist dadurch die Selbstbestimmtheit des Konsumenten weit höher als bei allen anderen Medien.

Ein weiterer Vorteil ist die Wahlfreiheit, Themen und Artikel zu überspringen und zu ihnen zurückzukehren, also aus dem Bericht auszusteigen und woanders weiterzulesen. Die eigene Programmchefin, der eigene Programmchef zu sein.

Dieser Effekt hat jüngst eine Reihe von Printmachern aus dem Dornröschenschlaf gerissen. Viele Probleme des Printjournalismus, so zeigte sich, sind nicht nur der Krise geschuldet, sie sind auch hausgemacht. Nach umfassenden Reader-Scan-Untersuchungen (Reader-Scan-Untersuchungen setzen sich mit dem Leseverhalten von Medienkonsumenten auseinander) wurde klar, dass bloß 6 Prozent der Leser und Leserinnen einen Artikel über drei Spalten zu Ende lesen. Diese Tatsache führte man aber nicht auf die Schuld der Leser, sondern der Macher zurück.
Das war ein Schlag ins Gesicht des Selbstverständnisses des Printjournalismus. Diese schmerzliche Einsicht hat viel bewegt und verändert. Wenn Sie sich heute die Aufmachung einer Zeitungsgeschichte genau ansehen, finden Sie zahlreiche Bausteine, die das Lesen leichter, spannender und abwechslungsreicher machen.
Oft wird ein Thema in verschiedene Formen gegossen. Neben dem Artikel finden Sie ein geschriebenes Interview, dazu gibt es einen Infokasten, jede Menge Fotos, Grafiken, vielleicht einen Kommentar des Supergenies in dieser Angelegenheit. Das heißt, es tut sich was. Und das ist gut so. Zumindest für Sie als Leser oder Leserin.
Für Sie als Interviewpartnerin oder -partner heißt das allerdings, dass die Latte, Teil einer Geschichte zu werden, hoch liegt. Der Anspruch der Macher im Printbereich hat sich notgedrungen erhöht.
Die journalistischen Kriterien, warum gerade über Ihr Thema berichtet werden soll, sind streng und eindeutig. Nur wenn Ihre Story besondere Merkmale aufweist, wird darüber geschrieben werden.
Erinnern Sie sich an Frau Diplomingenieurin Scheny und ihren Reinigungsfilter für Leitungsrohre? – Wenn Frau Scheny in einer bekannten Tageszeitung ihres Landes mit dem Bleireinigungsfilter punkten möchte, muss sie zumindest drei der unten genannten Kriterien erfüllen.

Kriterien zur Attraktivität von Printartikeln

- Neuigkeit
- Besonderheit der Nachricht
- Nutzen für die Leserinnen und Leser
- Betroffenheit, die durch die Nachricht ausgelöst wird
- Bedeutung der handelnden Person(en)
- und nicht zuletzt: die Exklusivität

Exklusivität bedeutet in diesem Zusammenhang, dass Sie mit einer Zeitschrift das Abkommen treffen können, bloß für dieses eine Medium als Interviewpartner zur Verfügung zu stehen.
Treffen zumindest drei dieser Kriterien zu, steht einer Berichterstattung im Printmedium nichts mehr im Wege. Also rein ins Geschehen und ran an die Hintergründe, um Printinterviews erfolgreich zu geben.

On und Off

Journalistische Formen des Gesprächs

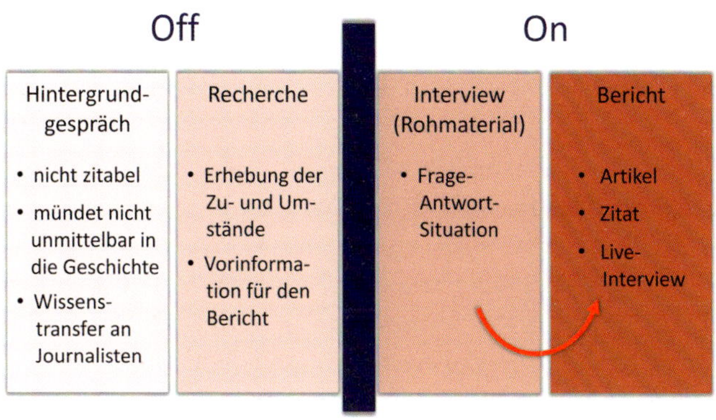

Das sind Begriffe, die für den guten Ausgang eines Interviews, insbesondere eines Interviews für Zeitungen und Zeitschriften, von großer Bedeutung sind. Im „On" sein bedeutet so viel wie: „Achtung, Aufnahme läuft!" Alles, was Sie sagen, darf der Journalist für seine Sendung beziehungsweise für seinen Artikel verwenden. Alles, was im On gesagt wird, darf Teil der geschriebenen Story werden. Alles, was unter „Off „gesagt wird, dient ausschließlich der Hintergrundinformation für den Journalisten und darf lediglich in den Lauftext einfließen. Das bedeutet, er darf Sie mit dem Gesagten nicht in Verbindung bringen. Und er darf Sie in diesem Zusammenhang keinesfalls zitieren.

Es gibt in der Sprache des Journalismus unterschiedliche Bezeichnungen, die dieses „On" und „Off" beinhalten. Diese Begriffe sollten Sie kennen.

Das Hintergrundgespräch (Off)
Das Hintergrundgespräch dient bloß der Information des Interviewers. Die Information geht vom Interviewpartner aus. Meist um dem Journalisten die Zusammenhänge besser begreiflich zu machen oder ein konkretes, nachvollziehbares Bild der Situation zu geben. Oft/Manchmal benutzen es Interviewpartner dazu, eine Geschichte zu lancieren. Meist nicht unbedingt zum Vorteil der Gegenpartei oder von Konkurrenten.

Beispiel

Interviewpartner zur Journalistin: „... also was ich Ihnen jetzt sage, ist ausschließlich für Sie als Hintergrundinformation gedacht. Ich will damit auf keinen Fall in Verbindung gebracht werden. Also passen Sie auf: Der Zuständige in dieser Sache ist ein Freund der Ministerin, die wiederum hat einen guten Bekannten, der gemeinsam mit der Frau des Staatssekretärs für ..."

Diese Auskunft wird in den meisten Fällen verwendet, weil sie den Kriterien „Bedeutung der angesprochenen Person", „Neu", „Besonders" und „Exklusiv" entspricht. Da sie ausdrücklich im Off angeboten wurde, behelfen sich Journalisten gerne in der Berichterstattung mit den Wendungen „aus gut informierten Kreisen wurde bekannt " oder „..., so eine Insiderin aus der Fraktion, ...".

Das Recherchegespräch (Off)
Das Recherchegespräch ist ein Gespräch, das ebenfalls im Off stattfindet. Der große Unterschied besteht darin, dass das Recherchegespräch vom Journalisten ausgeht. Im Zuge einer Recherche stellt sich heraus, ob über das Vorliegende überhaupt berichtet werden soll oder berichtet werden kann. Der Erstkontakt mit einem Journalisten, meist am Telefon, gehört zur Recherche. Es gilt aber auch in diesem Fall, dezidiert darauf hinzuweisen, dass diese Auskunft nicht Gegenstand einer Berichterstattung mit Quellenhinweis sein darf.

Das Interview (On)
Ausschließlich jetzt sind Sie im On. Alles, was Sie sagen, darf verwendet werden. Das gilt fürs Printmedium genauso wie für elektronische Medien. Der große Unterschied vom Printbereich zum Fernsehen oder zum Radio besteht darin, dass in den elektronischen Medien nur gesendet

werden kann, was Sie sagen. Etwas, das Sie nicht gesagt haben, ist eben als Aufzeichnung nicht vorhanden und könnte nur mittels eines Doubles im TV oder eines Stimmenimitators im Radio als Ihr Zitat – besser gesagt als Ihr OT (Originalton) – gesendet werden. Die Zeitungsjournalistin hat es in diesem Fall leichter. Sie kann Ihnen sehr wohl eine Aussage in den Mund legen und, wenn Sie so wollen, einen OT schreiben, der so nie von Ihnen gesagt wurde. Sehr oft passiert das zum Leidwesen von Interviepartnern unbeabsichtigt. Es war im Interview lediglich unklar, ob diese Aussage nur als Hintergrundinformation gedacht war oder im On gesagt wurde.

Es ist im Printbereich von äußerster Wichtigkeit, das Gespräch in Passagen zu teilen.

Weisen Sie Printjournalisten sehr genau darauf hin, wie Ihre Inhalte zu verwenden sind. Steigen Sie aus dem Interview aus, indem Sie sagen:

> „Das, was ich jetzt sage, ist für Sie als Hintergrundinformation gedacht. Ich möchte damit in keinem Fall zitiert werden oder im Zusammenhang genannt werden!“

Zur Vorbereitung eines Printinterviews

In der Vorbereitung sollte diese Eigentümlichkeit unbedingt berücksichtigt werden. Sie sollten vor einem Printinterview genau wissen, was Sie neben den On-Informationen an Off-Informationen zur Verfügung stellen oder noch besser, welche Storys Sie zusätzlich lancieren möchten. Zeitungsjournalisten verstehen das als Beziehungsangebot und ein Miteinander weit über das Verhältnis Interviewer–Interviewpartner hinaus. Sie weihen jemanden ein. Geben jemanden etwas in die Schreibhand, das er oder sie nicht wissen sollte. Sie führen jemanden ans Zentrum einer Story heran. Dabei müssen Sie immer davon ausgehen, dass diese Informationen im Artikel verwendet werden, da es in der Natur des Journalismus liegt, Geheimnisse zu lüften und die Wahrheit ans Licht zu bringen.

Es genügt also nicht, ausschließlich Statements und Beispiele vorzubereiten.

Auch diese über das Maß hinausreichenden Auskünfte müssen geplant und Teil der Vorbereitung sein.
Es gibt für Sie letztlich drei Bereiche im Printinterview:
Bereich 1 ist klar: die Inhalte im On
Bereich 2 ist klar: die Inhalte im Off
Bereich 3 sollte ebenso klar sein: die Inhalte, über die Sie nie reden werden! Sie sollten eine Liste der Tabus machen und sich in keinem Fall anschicken, diese Nachrichten in den Off-Bereich einfließen zu lassen. Niemals!

Interviews unter Zeitdruck

Der journalistische Beitrag für die Tageszeitungen muss rasch geschrieben werden. Es bleibt meist wenig Zeit für ausgiebige Recherchen. Oft sind es nur ein paar Stunden bis zur Manuskriptabgabe in der Redaktion. Hier unterliegen Beiträge aus den Ressorts Politik, Chronik oder Sport einem größeren Zeitdruck als Beiträge aus anderen Ressorts, wie zum Beispiel Wissenschaft oder der Karriereteil.
Falls Sie also auf einen Journalisten unter Zeitdruck stoßen (zumeist am Telefon), geht es für Sie vorrangig darum, Ihre im Vorfeld des Interviews vorbereiteten Inhalte anzubieten. Sie werden im besten Fall zitiert.

Interviews mit Zeit und Muße

Einen weiterern großen Unterschied zum elektronischen Bereich stellt die Dauer von Interviews dar. Gerade Wochenzeitschriften, Fachmedien und Hochglanzjournale widmen Ihnen oft viel Zeit für ein ausführliches Gespräch. Nur: Ein Interview ist niemals ein Gespräch. Bitte vergessen Sie das nicht, auch wenn diese Begegnungen sehr häufig einen privaten, fast freundschaftlich-persönlichen Charakter haben. Man trifft sich im Café, im Freien, bei Tee und Kuchen oder gar im privaten Umfeld.
Dieser Schein trügt und trübt die Konzentration. Schon viele waren nach einer „guten Unterhaltung" sehr unglücklich über das Resultat in der Zeitschrift. Manches, das nur so am Rande erwähnt wurde, steht jetzt fettgedruckt unter Anführungszeichen in der Titelzeile. Eine lustige Bemerkung dient, aus dem Zusammenhang gerissen, als Headline und gibt Ihren ursprünglichen Absichten einen völlig anderen Spin. Und das in Riesenlettern. Daraus folgt die Grundsatzregel:

Sprechen Sie immer über jene Dinge, die Sie über sich selbst, Ihr Team oder Ihr Vorhaben lesen wollen. Alles andere schadet Ihnen. Und stellen Sie immer klar, was für das On und was für das Off gedacht ist.

Gestalten Sie das Interview

Auch Printjournalisten sind Augentiere. Das Printmedium gibt sich größte Mühe, die ursprüngliche Vorreiterrolle in der medialen Berichterstattung nicht aufzugeben. Online-Versionen sind zur Regel statt zur Ausnahme geworden. Blogs und Foren Alltag. Die aufwendige Gestaltung einer Story, die vielen Perspektiven und gestalterischen Mittel geben uns als Partner der Journalisten und Journalistinnen die Möglichkeit, ein „Gespräch" in diesem Sinne interessant zu gestalten. Zitat: „Man muss ja nicht immer nur reden." In unserem Zusammenhang ist das kein unmoralisches Angebot. Es ist vielmehr ein Angebot, der Medienmacherin und dem Medienmacher die Arbeit zu erleichtern.

Nehmen Sie zum Interview mit, was Sie tragen können: Grafiken, Dinge zur Verdeutlichung.

In Frau Dipl.-Ing. Schenys Fall wäre das ein Filter, der so grau ist, dass er einem auf den ersten Blick klar macht, wie giftig unser Trinkwasser sein kann. Erwähnen Sie Zitate von Personen mit Bedeutung. Zeichnen Sie, wenn es sein muss. Bringen Sie Fotos von sich selbst oder der Sache in Action.

Über die Vergleichbarkeit der Gestaltungsformen in den Medien

In den Printmedien finden Sie reichlich viele Formen. Den klassischen Artikel, das geschriebene Interview, die Reportage, den Bericht, das Glossar, den Leitartikel, den Kommentar, die Rubrik ...
Zur Vereinfachung: Für Printartikel, egal in welcher Form auch immer, gilt dasselbe wie für jedes geschnittene Interview in den elektronischen Medien:

Nichts bleibt, was es ursprünglich war.

Die Frage bleibt keine Frage. Die Antwort keine Antwort. Sie werden in einer Zeitung niemals eine Entsprechung zum klassischen Live-Interview im Fernsehen lesen. Ein Live-Interview zeichnet sich dadurch aus, dass das ganze „Gespräch" gesendet wird. Zur gleichen Zeit, eben live (übertragen)! Da müssten Sie schon eine Transkription zur selben Zeit mit dem Gespräch mitlesen. Ein entsetzlicher Gedanke.
Das geschriebene Interview im Printbereich entspricht bestenfalls einem „Live on Tape"-Interview aus dem Fernseh- oder Radiobereich. Es wird zwar in Frage-und-Antwort-Form gedruckt oder gesendet, doch in nachbearbeiteter Form. Zu lange Antworten werden gekürzt, nachformuliert oder in eine andere Reihenfolge gebracht, um den Fluss des Interviews zu fördern.

Beispiel

Der Verlag: Ihre Erfindung spielt mit der Angst. Sie sprechen von Krebs, von Gehirnerkrankungen, von Nervenkrankheiten.
Frau Scheny: Das ist eben so. Wenn Sie Ihrem Körper Blei tanken, werden Sie das mit Ihrer Gesundheit bezahlen. So ist das.
Der Verlag: Hausinhaber sprechen von Panikmache.
Frau Scheny: Hausinhaber sollten schnell reagieren und ihren Mietern die Fürsorge zukommen lassen, für die sie Monat für Monat Miete zahlen.

Natürlich würde Frau Scheny im Gespräch nicht ganz so pointiert formulieren. Im geschriebenen Interview ist jedoch die prägnanteste Formulierung die beste. Und wahrscheinlich waren diese Aussagen ursprünglich nicht so nah aneinander. Doch um den Schwung und den Fluss zu gewährleisten, werden Gesprächspassagen gestrichen.
Und mal ehrlich: Manchmal ist man froh, wenn selbst ein Werk von Schiller, Goethe oder Shakespeare in leicht bearbeiteter Form aufgeführt wird. Hauptsache, die Story behält ihren sprachlichen Glanz und ihre zeitlose Aktualität.
Weit mehr als das bekannte Live-Interview nach dem Frage-Antwort-Prinzip dominiert das geschnittene Interview im Fernsehen und im Radiobereich das mediale Geschehen. Neunzig Prozent aller Gespräche in den Medien sind nachbearbeitet, also geschnitten. Man spricht in den elektronischen Medien von „gebauten Beiträgen" oder von „gestalteten Berichten". Es ist die direkte Entsprechung zum Zeitungsartikel. Die Fra-

ge kommt als solche in Berichten nicht vor. Im Artikel fließt sie in den Lauftext ein. Aus diesem Lauftext heben sich Zitate unter Anführungszeichen heraus, darunter steht Ihr Name.

Ebenso wie in Interviews für geschnittene Beiträge im elektronischen Bereich spielt die Frage des Journalisten keine Rolle für das Endprodukt.

Noch einmal, weil es mir ungemein wichtig erscheint:

- Die journalistische Frage wird in Originalfassung ausschließlich in Live-Interviews im elektronischen Medium gesendet. Sonst nie!
- Die Frage fließt im geschnittenen Beitrag indirekt in den Kommentartext ein.
- Die Frage fließt im Zeitungsinterview indirekt in den Lauftext ein.
- Ihre Antwort wird im geschnittenen Beitrag zum Statement.
- Ihre Antwort wird im Zeitungsartikel zum Zitat.

Nichts bleibt, wie es war. Bitte führen Sie sich diese Künstlichkeit jeden Tag, wenn Sie Zeitung lesen, Radio hören oder fernsehen, vor Aug' und Ohr.

Es wird Ihnen einen guten Dienst erweisen und auch den Journalisten nicht ungelegen kommen, wenn Sie darüber reden, wovon Sie die meiste Ahnung haben. Das nützt der Qualität des Artikels beziehungsweise der Sendung. Fragen sind nicht das A und O der fertigen Produkte. Es ist vielmehr die Qualität Ihrer Informationen. Nehmen Sie sich vor, verständlich, nachvollziehbar, spannend und für die Zielgruppe relevant zu informieren. Versuchen Sie nicht, jede Frage zu beantworten, wenn doch die Frage so wenig Bedeutung für die journalistischen Endprodukte hat.

Zur Vorbereitung

Selbstredend gelten für das Printinterview dieselben Regeln wie in der Präphase des Interviews für TV und Radio.

Oberster Grundsatz: Geben Sie nie ein Interview beim ersten Kontakt! Sie brauchen Zeit zur Vorbereitung.

Führen Sie in jedem Fall ein Vorgespräch. Dieses soll Ihnen Klarheit verschaffen, für welches Blatt der Bericht gemacht wird. In welchem Bereich der Artikel erscheint (Politik/Wissenschaft/Wirtschaft/Chronik). Was

der aktuelle Anlass der Story ist, der den Charakter des Artikels widerspiegelt. Wer außer Ihnen noch vorkommt. Damit Sie Ihr Umfeld kennen. Welche Rolle Ihnen in diesem Artikel zukommt (Expertin/Interessenvertreter/Promi).
Und: Wenn Sie schon die Länge des Artikels kennen und wissen, wie viel Platz für Sie vorgesehen ist, fragen Sie, wie lange das Interview dauern wird und wo es stattfinden soll. Denn wie Sie oben erfahren haben, spielt die Dauer eine maßgebliche Rolle für Ihre Vorbereitung.

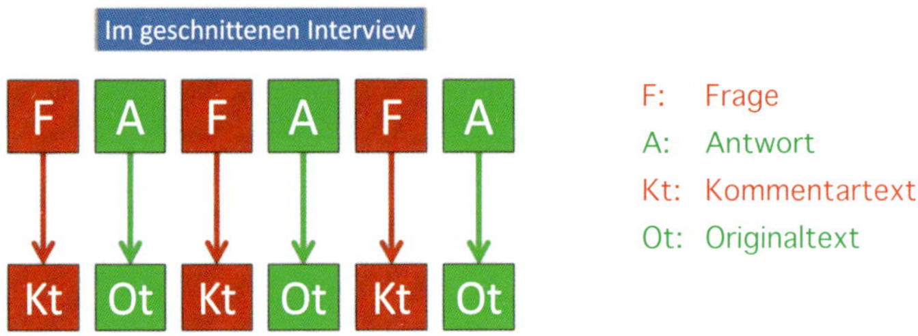

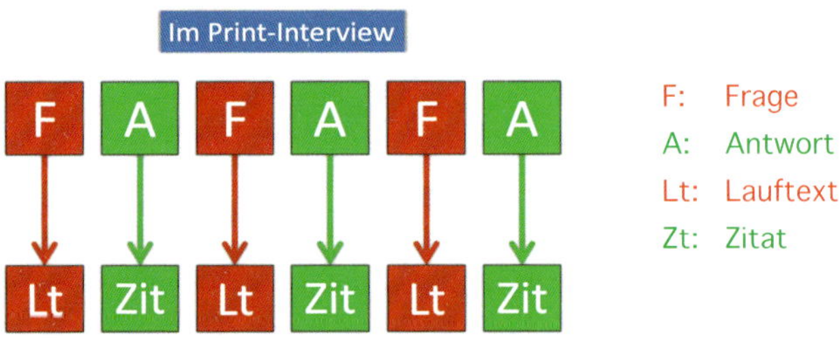

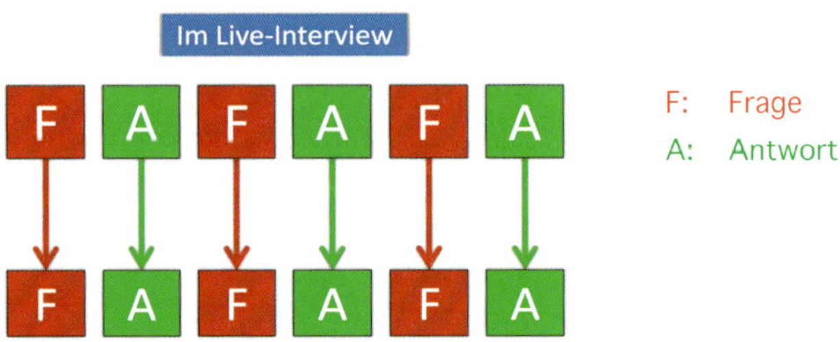

Neue Medien – das Web 2.0

„Wir sind die Medien!“, hat der kluge amerikanische Verleger Tim O'Reilly vor mittlerweile zehn Jahren angesichts des „neuen“ Internets, des Web 2.0, ausgerufen und ihm ebendiesen Namen gegeben.

„2.0“ ist eigentlich eine Versionsbezeichnung für neue Software, aber auch ein Hinweis darauf, dass es sich hier um ein echtes Umdenken in einem an sich noch jungen Medium handelt. Das Web 1.0 – also das Internet – wird von einer reinen Informationsplattform mit klassischen Nachrichtenseiten, Nachschlagewerken, Produktinformationen et cetera zu einer Austauschplattform der Benutzer und Benutzerinnen. Nicht mehr die großen Medienkonzerne allein sammeln, bewerten und verteilen Informationen nach ihrem Gutdünken, ihren Verpflichtungen oder im besseren Fall nach den klassischen Nachrichtenfaktoren (z. B. Aktualität, Sensationscharakter, Betroffenheit der Zielgruppe), sondern wir Menschen erledigen das untereinander.

Der Nachrichtenkreislauf, der sich vom Ereignis über Radio und Internet, dann zum Fernsehen, weiter zu den Tageszeitungen und zuletzt zu den Magazinen gedreht hat, nimmt eine neue Wendung.

Eine Hörerin hört etwas im Radio und kritisiert es in ihrem privaten Weblog, das unter Umständen so viele Leser erreicht wie die Printausgabe des *Standard**. Dort liest es wiederum ein Zeitungsredakteur, der weiter recherchiert. Die Bloggerin verlinkt auf den nun erscheinenden Zeitungsartikel (vermutlich auf die Online-Ausgabe) und schon flitzen Informationen und Meinungen in einem wilden Zickzack durch den Nachrichtenkreislauf. Statt sich berechenbar durch die Medienhierarchie zu schleppen, gibt es in weiterer Folge ein nennenswertes Echo in den neuen Medien.

Das betrifft natürlich auch Interviewpartner, die ihre Botschaft ans Publikum bringen wollen. Falls in einem Interview der Redakteurin etwas Interessantes entgangen ist, wird es der Dritte im Bunde – der Rezipi-

* Die Media Analyse 2008 bescheinigt dem *Standard* 383.000 tägliche Leser; zum Vergleich erreicht eines der weltweit beliebtesten Blogs, das der ehemaligen Journalis-tin Ariana Huffington, 700.000 einmalige Leser im Monat.

ent – vielleicht dennoch bemerken. Und er wird es andere mit-bemerken lassen wollen. Also werden alle seine Freunde in Facebook mit einem kleinen Mitschnitt aus dem Interview und ein paar ergänzenden Links am Blog darüber informiert, was im Zwei-Minuten-Interview im Radio schlichtweg keinen Platz mehr fand. Sie sind, ob Sie das wollten oder nicht, im Web 2.0 gelandet.

Verteilung der Information

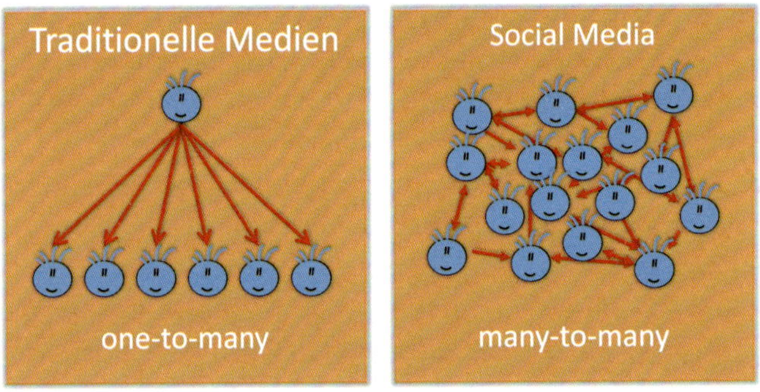

Web 2.0 gibt es seit dem Jahr 2000. Es besteht aus verschiedenen Anwendungen, die die technischen Möglichkeiten des www nützen. Allen gemeinsam ist der Gedanke der Vernetzung. Das Web 2.0 wächst schneller als je ein Medium zuvor.

Das Web 2.0 ist also ein Sammelbegriff, angelehnt an die Versionsbezeichnungen von Software. Neben ein paar schrägen Fehlversuchen – wie dem mittlerweile kaum mehr jugendfreien Zweitleben, dem „Second Life" – gibt es enorm erfolgreiche Anwendungen, die ihre Erfinder reich oder zumindest berühmt gemacht haben. In der Folge finden Sie eine Kurzbeschreibung der wichtigsten Sites und daran anschließend Ideen, wie Sie diese Angebote für sich und die Verbreitung Ihrer Botschaften nützen können.

Die bekanntesten Web-2.0-Seiten

Am Anfang war das **Blog** und die Internet-User sahen, dass es gut war. Blogs sind so etwas wie die Höhlenmalerei des Web 2.0, weil sie ganz am Beginn des Machtwechsels im Internet standen und sich seitdem ähnlich gut halten wie die Malereien in den Höhlen von Lascaux. Versuche, diese Erscheinungsform des Web 2.0 in Zahlen darzustellen, scheitern mittlerweile. Die Blog-Suchmaschinen haben aufgehört zu zählen. Von viel beachteten Politik-, Hightech- oder Societyblogs bis hin zum Reisetagebuch oder Häkelblog ist unter diesen meist sehr persönlich gehaltenen und authentischen Webauftritten alles zu finden.

Podcasts und Videocasts sind eine etwas andere Erscheinungsform der Blogs. Botschaften werden vertont oder als sehr einfache „Fernsehprogramme" in bewegten Bildern publiziert. Der Inhalt reicht von Unternehmens-Podcasts, die das neueste Auto oder das hautfreundlichste Papiertaschentuch eines Konzerns präsentieren, bis hin zu politischen Kommentaren oder ganz privaten Abenteuerfilmen.

Facebook. Dieser Internet-Kommunikationsdienst hat es geschafft, schneller als je ein Medium zuvor die Millionengrenze an Benutzern und Benutzerinnen zu erreichen und in wenigen Monaten sogar zu verhundertfachen. Vom amerikanischen Präsidenten bis zum Bischof, vom Weltkonzern bis zur Schülerin – das Publizieren des eigenen Befindens, der aktuellen Lage und das einfache Vernetzen mit Kontakten machen weder vor gesellschaftlichen Schichten noch vor Altersunterschieden oder Wirtschaftssparten halt. Die Themen reichen von zielgerichteten Inhalten – „Ö3 spielt in Kürze die letzte Michael-Jackson-Platte" – bis hin zu mehr oder weniger sinnvollen Statusmeldungen – wie „Stefan geht" –, die aber Echo unter meinen Freunden erzeugen: „Jetzt schon?" – „Ich geh auch gleich!" – „Aha – wohin denn schon wieder?" Es ist eine spielerische Kommunikation, wie wir sie bisher aus Chatrooms oder vom SMSen kannten.

Der Kurznachrichtendienst **Twitter** ist wie eine SMS-Pinnwand zu verstehen. Benutzer schreiben 140 Zeichen lange Texte, die dann von ihren Followern, also Menschen, die ihren Nachrichtenkanal verfolgen, gelesen werden. Ein solcher Nachrichtenkanal wird Tweet genannt und Firmen wie Apple betreiben ebenso einen Tweet wie Stars (Ashton Cutcher und Demi Moore sind die eifrigsten) und Normalos.

Aufgrund der vorgegebenen Kürze der Nachrichten entsteht eine eigene

Twitter-Sprache: „RT@stefanwagner: Neue Konzepte zur #web2.0-Nutzung für strategische Zwecke entwickelt“ würde zum Beispiel bedeuten, dass eine Kollegin einen Satz, der ursprünglich von mir (@stefanwagner) stammt, an ihre Follower weiterleitet. RT heißt „retweet“, also weiterzwitschern. Das Rautezeichen vor einem Begriff ist entwickelt worden, um auf Twitter und anderen Web-2.0-Seiten besser nach Schlagworten suchen zu können.

Sehr etabliert ist die Businessplattform **Xing**. Wer dort seine Datenspur hinterlässt, gibt seine Visitenkarte in einen für alle Benutzer zugänglichen Karteikasten. So kann man nach Name oder Branche oder Kenntnissen gesucht und gefunden werden. Das eigene Netzwerk lässt sich darstellen, neue „alte“ Kontakte und Seilschaften werden sichtbar gemacht und alle Benutzer aktualisieren praktischerweise ihre Daten selbst. So gehen Kontakte durch Jobwechsel oder Unordnung am Schreibtisch nicht mehr verloren.

Wikipedia: Hier sind die Erfinder zum Beispiel nur berühmt geworden und nicht reich, weil sie auf ihrer Seite keine Werbung akzeptieren. Wikipedia ist mittlerweile umfangreicher als die Encyclopaedia Britannica und schließt im Qualitätsvergleich nicht schlechter ab – Wissenschaftler haben Beiträge aus beiden Nachschlagewerken auf ihre Richtigkeit überprüft; die Fehlerquote war auf Wikipedia etwas höher, was aus Sicht der Studie durch schnelle Korrekturzeit und höhere Beitragszahl wieder wettgemacht wird –, obwohl sie auf ein völlig neues Wissenschaftskonzept baut. Nicht Menschen mit besonders umfangreichem Wissen schreiben und redigieren Artikel, sondern die „Schwarmintelligenz“ der Millionen User schreibt und erweitert Artikel oder beseitigt Fehler. Das Ergebnis ist verblüffend. Wird absichtlich ein Fehler eingebaut, um das System zu prüfen, wird er in wenigen Sekunden auch schon wieder korrigiert. Was in der Wissenschaft, aber nicht bei Nachschlagewerken Standard ist, nämlich eine Nachvollziehbarkeit des Geschriebenen zu gewährleisten, das wird auf Wikipedia verwirklicht. Jede Änderung eines Artikels ist für alle Leser nachvollziehbar.

YouTube ist zur machtigsten Medienmaschine der Welt geworden. Die Zahl der Videos, die täglich hochgeladen werden, übersteigt beinahe die Vorstellungskraft – zumindest aber die Millionenzahl. Auf dem Internet-Videokanal sind in den letzten sechs Monaten (und rechnen Sie ruhig genau von dem Zeitpunkt an, zu dem Sie dieses Buch lesen) mehr

Inhalte publiziert worden als auf CBS, NBC und ABC zusammen. Etablierte Medien nutzen YouTube, um bestehende Inhalte in eigenen Channels zu verbreiten. Die immer schnelleren Handynetze ermöglichen es, auch vom Handy aus jeden gesuchten Inhalt an jedem gewünschten Ort anschauen zu können. YouTube hat sich längst vom Computer emanzipiert und ist fixer Bestandteil der Medienlandschaft geworden.

Einige der hier von mir genannten Namen werden sich vielleicht schon in wenigen Monaten ändern. Die dahinterliegenden Prinzipien aber nicht.

Darum fasse ich in den folgenden Absätzen diese Prinzipien und Funktionsweisen für Sie zusammen.

Was unterscheidet das Web 2.0 von den „guten alten Medien"?

An erster Stelle ist es der bereits umschriebene fliegende Rollenwechsel zwischen Medien, Konsumenten, Journalistinnen, Kritikern und „Informationsinhabern" – also zum Beispiel Ihnen – mit ihrer Botschaft, die sie an den Medienkonsumenten bringen wollen. Das alte Mediensystem funktioniert wie ein Wolfsrudel: Ein Alphatier spricht beziehungsweise heult, viele hören, sehen zu oder lesen davon. In der neuen Medienlandschaft bröckelt die Autorität dieses Alphatiers. Seine Funktionen werden durch ein Netzwerk ersetzt: Schwarmintelligenz statt Einzelwissen.

Die Vorteile

Als Informationsinhaber sind Sie nicht länger ausschließlich darauf angewiesen, *einen* Verbreiter Ihrer Botschaft zu finden, indem Sie versuchen, die Journalistin oder das Medium (um im Vergleich zu bleiben: das Alphatier des Rudels) von der enormen Wichtigkeit Ihrer Information zu überzeugen. Sie können *selbst* losheulen, müssen aber auch damit rechnen, dass andere Tiere in diesem Netzwerk zurückheulen.
Im Gegensatz zu traditionellen Medien sind alle Web-2.0-Anwendungen auf *Vernetzung* ausgelegt. Medienhaus A wird den Teufel tun, in einer Sendung auf Medienhaus B zu verweisen. Sie leben von der Exklusivität der Botschaften. Das Web 2.0 lebt im Gegensatz dazu von der Inklu-

sivität. Über das Netz verbreiten sich Informationen, werden gesammelt, neu geordnet, weiterverbreitet, kommentiert und wieder verbreitet. Sie bekommen dadurch einen Mehrwert, der „Vertrauen" heißt. Einer Bloggerin, die ich seit Langem lese oder die ich vielleicht sogar kenne, weil sie in derselben Branche arbeitet, vertraue ich mehr als einer Zeitung (tatsächlich leiden die etablierten Medien unter einem Vertrauensschwund). Ein Käufer, der über ein Produkt twittert, wie es ihm gefällt, ist vertrauenerweckender als die Website des Produkts, die von cleveren Marketingexperten formuliert worden ist.

Ihr Vorteil: Wenn Sie im Web 2.0 gewinnen, sei es durch die gute Meinung eines Kunden, der Sie weiter zu anderen „Freunden" trägt, oder durch positives Feedback zu Ihrer Person auf Twitter, dann haben Sie ebenso viel gewonnen wie nach einer guten Fernsehgeschichte. Vor allem, was das Vertrauen in Sie oder Ihre Marke betrifft.

Die Grenzen

Dies soll Sie keinesfalls von der klassischen Arbeit mit und in Medien abbringen. Das Web 2.0 hat durchaus seine Grenzen: Theoretisch kann jeder Mensch im Internet ein so großes Publikum erreichen, wie es bisher eben nur diesem Journalisten beziehungsweise seinem Medienunternehmen mit enormem finanziellem Aufwand möglich war. Theoretisch. Praktisch werden Themen immer noch von den etablierten Medien zu „großen Themen" gemacht. Sie entspringen aber immer öfter dem Web 2.0, weil auch Journalisten dort ihre Geschichten recherchieren oder diese unter so vielen Menschen kursieren, dass auch die großen Medien nicht daran vorbei können.

Die etablierten Medien bekommen zudem eine neue Rolle: Sie sind nicht mehr die klassischen, monopolhaften Verbreiter von Informationen, sondern vielmehr Einordner und Erklärer. Die viel zitierte Informationsflut wird durch das Web 2.0 und die vielen Millionen Menschen, die es nutzen, nämlich erwartungsgemäß nicht kleiner, sondern immer unüberschaubarer. So können Sie beispielsweise den ganzen Tag die neuesten Infos aus Sport, Politik und Chronik im Internet konsumieren. Immer deutlich schneller als in den Nachrichtensendungen des Fernsehens und den Tageszeitungen. Die Zeitung liefert Ihnen und allen anderen (hoffentlich) die passende Hintergrundgeschichte dazu, das Fernsehen bringt den kompetenten Interviewpartner, der das Geschehene erklärt. Die „alten" Medien gliedern somit die Nachricht wieder in die Gesellschaft ein und machen sie zu einem allgemeinen Gut.

Wieso nützen Menschen das Web 2.0?

„Wieso nützen Menschen Handys?" oder „Wieso schreiben Menschen SMS?" - Stellen Sie sich diese Fragen noch? Nach Handy und SMS scheinen verschiedene Web-2.0-Seiten einen Nerv getroffen zu haben, den bisherige Kommunikationsformen ignoriert haben. Vielleicht ist es sogar vielmehr ein Nervengeflecht - der mediale Solarplexus sozusagen -, das auch tatsächlich beim einzelnen Medienkonsumenten zusammenläuft und sich von dort aus wieder in das soziale Netz der neuen Medien fortpflanzt.

Beispiel

---

*Sie lesen in der Zeitung etwas über das gestrige Fußballspiel. Sie haben es gesehen und sind zumindest zweimal entrüstet aufgesprungen. „Was, der tauscht den Stürmer jetzt aus und geht mit einer Viererkette in die Defensive? So ein *piep*... das gibt's doch gar nicht, der gehört doch *piep*..." und so weiter. Jetzt können Sie in der Zeitung je nach Qualität des Journalisten möglicherweise den einen oder anderen Kritikpunkt an der Trainerstrategie lesen. Aber Sie wüssten es doch immer noch besser und würden auch gerne Ihre Meinung dazu loswerden. Am besten so, dass sie auch der Trainer zu lesen kriegt.*

Bingo! Nerv 1 der sozialen Netzwerke ist gefunden.

Das Mitteilungsbedürfnis der Menschen generell und im Besonderen zu Themen, die sie berühren oder für die sie brennendes Interesse verspüren, ist die Triebfeder für die Einwohner und Userinnen des Web 2.0.
Und hier ergibt sich ein Punkt, an dem Sie mit Ihrer Kommunikationsstrategie positiv einhaken können. Sind Sie die Chefin von Boeing? Dann sind Sie in jedem Fall eine Luftfahrtexpertin. Das könnten Sie ausschildern und zum Beispiel für ein Blog oder einen Tweet (zur Erinnerung: Tweets sind die Kurznachrichten, die über Twitter verbreitet werden) nützen. Sie sollten keine plumpen Slogans „raushängen". Sie sollten die Menschen an Ihrem Wissen teilhaben lassen. Sie einweihen. Ihnen auf

eine Art und Weise begegnen, die den Usern nützt und dadurch Ihnen. Berühren Sie sie. Bewegen Sie sie. Und Sie werden ein Lauffeuer auslösen. Ein freundliches Feuer aus brennendem Interesse an Ihrer Person und dem, was Sie zu sagen haben. – Über das Interesse an Ihnen wächst das Vertrauen in Ihre Organisation.

Im Social-Media-Bereich geht es nicht ums Werben und nicht ums Ausplaudern von Firmeninterna, sondern darum, für andere Internet-User da zu sein und für sie Informationen und Hinweise zu sammeln.

Beispiel

„Ich habe kürzlich auf einer Branchenveranstaltung mit Kollegen Maier diskutiert, ob wir nicht doch das SAP-Modul CO-OM-CCA für unser Controlling einsetzen sollten. Eindeutige Vorteile davon sind meiner Meinung nach …"

Viele solcher Expertenblogs werden von Journalisten gelesen. Während es die Qualität des Journalisten ist, Themen einzuordnen, ist es nämlich die Qualität der Experten, sich auszukennen. Werden Sie ein Knotenpunkt für Ihr Thema in den sozialen Medien.
An der – schon wohlbekannten – Bedürfnispyramide des Herrn Maslow lässt sich gut erkennen, dass die Gründe für eine Web-2.0-Nutzung nicht nur ganz oben, bei der sozialen Anerkennung oder gar der Selbstverwirklichung, rangieren, sondern auch in voller Breite beim Bedürfnis nach Zugehörigkeit und nach sozialem Kontakt andocken.
Sie kennen vielleicht das Beispiel des Fahrrads, das in China umgefallen ist (und in der Sekunde, in der Sie diese Zeilen lesen, ist bestimmt eines der Millionen Räder langsam entlang eines Laternenpfahls Richtung Boden gerutscht). Es wird von Zeit zu Zeit in Redaktionssitzungen erwähnt, wenn die Entscheidung schwerfällt, ob dies nun eine „Geschichte" ist oder aber ein Sachverhalt, der die Menschen gar nicht interessiert. „Achtung, Ausschaltimpuls!", ruft die Angst, die dahintersteht.
Wir, also die Rezipienten, sind wählerischer geworden, wie viel wir über dieses Fahrrad wissen wollen. Vielleicht finden wir es ganz gut, grundsätzlich über das Weltgeschehen, also das Phänomen des Fahrradumfallens, informiert zu sein. Vielleicht interessieren Sie ja sogar Details bis hin zur Marke des Rades. Das Web 2.0 hat den Entscheidungsspielraum

der Medienkonsumentinnen erweitert. Hier kann vielleicht sogar der Chinese gefunden werden, dessen Rad umgefallen ist, weil er ein Blog darüber schreibt. Und es bleibt Ihnen selbst überlassen, ob Sie seine Information darüber lesen wollen oder den Bericht auf CNN.

Und damit sind wir beim 2. Nerv des Web 2.0 gelandet.

Bedürfnisebenen des Web 2.0

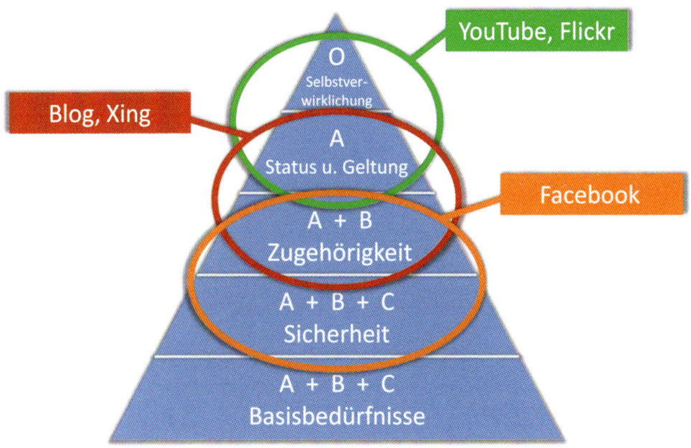

Informationen finden nicht mehr Sie, sondern Sie finden Informationen, die Sie wirklich – im schönsten Sinne des Wortes – „betreffen".

Wenn Sie das möchten, können Sie als Konsument die geschönte PR-Sprache eines Unternehmens umschiffen und sich stattdessen Kundenbewertungen zu einem Produkt anschauen. Oder Sie lesen nicht nur die Tageszeitung, sondern dazu passend gleich das Blog, das die Fehler in der Tageszeitung aufdeckt. Sie wollen die Informationen über iranische Demonstranten, die Militärgewalt mittels Handyvideo dokumentieren und die in Nachrichtensendungen aufbereitet sind, aus erster Hand? Sie können sie jederzeit auf YouTube anschauen.

Bleiben wir beim menschlichen Körper, finden wir einen 3. Nerv im Web 2.0: den Beziehungsnerv. Und der sitzt ganz tief in unserem Inneren. Durchschnittlich hat ein Mensch 250 Kontakte (so der deutsche Networking-Experte Hermann Scherer in seinem Buch „Wie man Bill Clinton nach Deutschland holt") zu anderen Menschen. Die zu managen ist eine schöne, aber ziemlich anstrengende Aufgabe. Welche Türnummer hat noch mal schnell Tante Berta? Ist Herr Müller noch der Vertriebschef der Panzerknacker AG? Und wie geht es eigentlich Angelika? Lange nichts von ihr gehört. Würden wir uns, so wie wir es gerne möchten, um alle diese Kontakte laufend kümmern, wir würden gar nicht mehr zum Arbeiten kommen. Hier gibt es einige Tools im Web 2.0, die uns Freund- und Bekanntschaften erhalten und auch das Knüpfen von Kontakten erleichtern.

Wir haben also drei Nervenstränge ausfindig gemacht, die das Web 2.0 lebendig machen: Information holen, Mitteilungsbedürfnis befriedigen und Beziehung herstellen und erhalten.

Jetzt geht es darum, welche Impulse Sie in dieses Geflecht schicken können und welche Reaktionen Sie sich erwarten dürfen.

Wie können Sie das Web 2.0 nützen?

Kramen wird zur Verdeutlichung des Handlungsspielraums drei der sogenannten „W-Fragen" der Journalisten hervor: *Wer* kann das Web 2.0 *wie* und *wo*, also auf welchen Plattformen, nützen? (Um Ihnen langes Grübeln zu ersparen: *Wann*, *warum* und *was* sind die restlichen drei Fragen, die natürlich ebenfalls in diesem Absatz beantwortet werden.) Oder, um ein anderes Bild zu verwenden, das ich ganz zu Beginn des Buches schon einmal strapaziert habe: Voilà, hier kommt Ihr Stadtplan für das Web 2.0, damit Ihre Botschaften nicht in der Sackgasse landen, oder noch schlimmer, als Massenkarambolage enden, bei der Sie vielleicht selbst zu Schaden kommen.

Die „Wer"-Frage lässt sich sehr einfach mit einem Werbeslogan beantworten: Das Web 2.0 bringt allen was. Egal ob Expertin, Promi, Interessenvertreterin oder Unternehmen.

Es ist für Menschen und Botschaften nicht nur wie geschaffen, sondern tatsächlich *dafür* geschaffen. Diese zu vernetzen ist der Zweck dieser Systeme. Jetzt sind Sie ja schon etwas vertraut mit den verschiedenen Sozialen Netzwerken und ich werde Ihnen drei Beispiele beschreiben, die das *Wer, Wo* und *Wie* der Nutzbarkeit auch für Ihren ganz speziellen Fall deutlich machen:

Wer: Das Unternehmen

Ausgangslage:

Der Bierbrauer Krügerl hat ein neues Partybier mit noch mehr Alkohol entwickelt. Es heißt „Starköl". Die Firma Krügerl & Halbe weiß, dass es eine Glaubensfrage ist, ob ihr Bier oder das der Konkurrenz aus dem gleichen Bundesland getrunken wird.

Wo: Facebook

Wie:

Die Kommunikationschefin gründet eine Facebook-Gruppe „Starköl" und künftig können Krügerl-&-Halbe-Trinker auch Fans von „Starköl" werden. Nach dem Schneeballprinzip verbreitet sich die Nachricht, dass man sich zu seinem Bier bekennen kann, und am Ende haben tausende Facebook-Nutzer auf ihrer Seite stehen, dass sie zu dieser Biermarke stehen und das andere Benutzer auch gerne wissen lassen. Fans leben ihr Bedürfnis nach sozialer Zugehörigkeit aus und haben Spaß dabei.

Wer: Der Promi

Ausgangslage:

Paul Seller ist ein Promi, wie es in Österreich nur wenige gibt. Er spielt in vielen TV-Serien, gibt gern den charmanten Liebhaber, hat eine CD aufgenommen und ist auch ein ganz ordentlicher Schifahrer. Er weiß, dass er so lange für das Fernsehen und die Musikindustrie interessant ist, wie er in den Society-Gazetten vorkommt.

Wo: Twitter

Wie:

Seller hat mit Twitter seinen eigenen Promifaktor-Booster gefunden. Er lässt alle wissen, wo er wann auf Urlaub ist, welche anderen Prominenten er gerade zum Kaffee trifft und welche CDs er gerade hört. Society-Redakteure und Fans haben seinen Tweet, also seinen Zwitscher-Kanal, abonniert und wissen so, wann und wo sie Seller nächstens antreffen werden und wozu sie ihn befragen können.

Wer: Die Expertin

Ausgangslage:

Prof. X. Pertin befasst sich mit dem Thema „Erneuerbare Energien in der Autoindustrie". Sie ist als Forscherin an der Technischen Uni Linz weltweit bei Konferenzen unterwegs und stets auf dem neuesten Stand, woran die Industrie arbeitet. Sie selbst forscht an der Wiederverwertung von Pommes-Öl und macht Fortschritte. Langsam, aber stetig.

Wo: Blog

Wie:

Um ihren Forschungstag zusammenzufassen und den Kontakt zur normalen Welt und zum Schreiben für echte Menschen nicht zu verlieren, hat Prof. Pertin ein Blog begonnen, in dem sie ihre wichtigsten Erkenntnisse und die neuesten Ergebnisse von Kollegen und Kolleginnen mehrmals pro Monat niederschreibt. Zu ihren Lesern gehören sowohl Studentinnen als auch Journalisten der Motor- und Wirtschaftsressorts, Unterstützerinnen erneuerbarer Energien und der Pressesprecher eines großen Ölkonzerns. Sie ist damit ein Knotenpunkt der Diskussion in Österreich geworden und wer „erneuerbare Energien" googelt, findet ihr Blog unter den ersten Suchergebnissen. Hier holen sich Menschen die besondere Info, die sie haben möchten, und schöpfen Vertrauen in die TU Linz. Sehr „inklusiv"!

Wie in den anderen Medien, über die Sie in diesem Buch gelesen haben, gilt auch in diesen noch jungen Medienformen, dass Sie sich Ihrer Rolle und Ihrer Botschaft bewusst sein müssen, um dann zu entscheiden, wo Sie samt Ihren Nachrichten am besten aufgehoben sind.
Hier spreche ich natürlich von Ihrer aktiven Entscheidung, im Web 2.0 in Erscheinung zu treten. Es könnte Ihnen natürlich auch passiv „passieren", mit der Geschwindigkeit und Vernetzung des Web 2.0 umgehen lernen zu müssen. Es gibt in der Geschichte des Web 2.0 schon mehrfach Beispiele, in denen Firmen in das Netzwerk der gut informierten Konsumenten und Politikerinnen in den direkten Wahrheitscheck durch die Wähler geraten sind. Ignorierte Kundenkritik, die sich auf YouTube wiederfindet und dort verbreitet, bis ein Unternehmen ein Produkt unter enormen Kosten wieder zurücknehmen muss. Ein Politiker, der abseits der Journalistenmikrofone eine abfällige Bemerkung macht, die von einem Blogger gehört wird und so nach kurzer Zeit den Weg in die etabliertesten ameri-

kanischen Printmedien findet. (Das Produkt ist ein Fahrradschloss der Firma Kryptonite, beim Politiker handelt es sich um Trent Lott.)
Auf diesen Fall können Sie sich vorbereiten, indem Sie einigermaßen versiert sind im Umgang mit dem Web 2.0 oder sich im besten Fall dort schon etabliert haben.

Die drei goldenen Regeln für Kommunikation in sozialen Netzwerken

Diese sind den Regeln normaler Konversation und den in den vorigen Kapiteln beschriebenen Regeln im Umgang mit etablierten Medien ähnlich. Warum sollten sie auch nicht, schließlich geht es auch hier um den Umgang von Menschen miteinander. In neu eröffneten Kanälen versteht sich.

Regel 1: Seien Sie Teil der Kommunikation.
Im Web 2.0 gibt es keine Information als Einbahnstraße. Hier redet jeder und jede mit und Sie können Teil dieser Kommunikation werden. Seien Sie also aufmerksam, hören Sie den Menschen zu, kommunizieren Sie nie respektlos und reagieren Sie, wenn auf Sie reagiert wird.

Regel 2: Bleiben Sie authentisch.
Das Web 2.0 lässt sich ungern und selten ungestraft zu geschönter PR-Sprache missbrauchen. Überlegen Sie also, welche Botschaften Sie authentisch und ehrlich einbringen können. Das Netzwerk der Konsumenten wird Sie ansonsten nur zu gerne mit Kritik eindecken oder ganz einfach in der Luft zerreißen, wenn Sie ein gefaktes Blog online stellen. Durchaus authentisch kann es übrigens auch sein, ein Produkt einfach nur zu beschreiben, ohne es schönzureden. Und die Diskussion darüber zuzulassen – womit wir wieder bei Regel 1 wären, nämlich Teil der Kommunikation zu sein.

Regel 3: Machen Sie sich auf alles gefasst.
Im positiven wie im negativen Sinn. Für das Web 2.0 lässt sich kein einfaches Regelwerk erstellen. Wenn Sie aber Regel 1 und 2 befolgen und sich im Vorfeld einmal als Spion durch die Web-2.0-Welten bewegen, dann können Sie sich auf ein völlig neues Erlebnis von Kommunikation freuen.

Image ist die Summe aller Eindrücke, die wir beim Publikum hinterlassen. Diesen Satz haben Sie in diesem Buch schon gelesen. Zu dieser Summe können auch Ihre Spuren im Web 2.0 gehören. Sie können den Eindruck, den Sie im Fernsehen, im Radio oder auch in einem Zeitungsinterview hinterlassen haben, vertiefen, ergänzen oder sogar um neue Aspekte erweitern. Hier haben Sie den Platz, sich an ein Fachpublikum zu wenden und all Ihre Expertise aus dem beruflichen Umfeld loszuwerden, die in einem Massenmedium wie dem Fernsehen nichts verloren hat. Sie können sich selbst als Person darstellen, wenn das Ihren Zielen als Wirtschaftsreibender, als Politikerin oder Ihren Unternehmenszielen dient.
Die Anwendungen des Web 2.0 sind keine vorübergehenden Erscheinungen. Ihre Prinzipien haben einen festen Platz in der Medienlandschaft gefunden, dass selbst etablierte Medien längst nicht mehr darauf verzichten können: Sie nützen YouTube als Kanal, ihre bereits produzierten Inhalte zu verbreiten, Talkshowhosts kündigen ihre Inhalte auf Twitter an und Chefredakteure bloggen den Leitartikel.
Wenn Sie sich ein Bild gemacht haben, ob Sie eine der vielen Web-2.0-Anwendungen mit den hier vorgeschlagenen Ideen nützen wollen, dann nützen Sie sie bitte selbst. Nicht Ihr persönlicher Mitarbeiter, nicht die Kommunikationschefin Ihres Unternehmens. Das Web 2.0 will Authentizität, die nur Sie selbst in perfekter Qualität bieten können.

Und nun habe ich eine Bitte an Sie:
Bitte lesen Sie dieses Kapitel nie wieder. Das Web 2.0 verändert sich schnell. So schnell, dass Ihnen ein Lesen in ein bis zwei Jahren wie eine Zeitreise in die ferne Vergangenheit erscheinen würde.
Bleiben Sie lieber dran am Web 2.0.

Zu guter Letzt

If you can make it there you can make it everywhere.

Die Gesetze, Tools und das Know-how des Buches, das Sie entweder gerade von vorn bis hinten gelesen oder einfach ganz hinten aufgeschlagen haben, ermächtigt den Anwender und die Anwenderin, mit Millionen Menschen auf eine Art und Weise in Kontakt zu treten, die fernab jeder natürlichen Kommunikation das gewünschte Image, die eigene Sache und die beabsichtigten Subbotschaften transportiert. Medientraining ist

- mehr als der Umgang mit Radio-, TV- oder Printjournalisten und -journalistinnen;
- mehr als eine Botschaft in 20 Sekunden auf den Punkt zu bringen;
- mehr als halbwegs gut rüberzukommen, wenn's hoch hergeht.

Medientraining muss die Hintergründe, das „Warum", die Fäden, die Hebel und Wege zu verstehen geben, damit die Meisterschaft im On-Air-Bereich erreicht werden kann. Und etwas anderes als Meisterschaft sollte Sie nicht interessieren.

Hier konzentrieren sich alle Kommunikationswerkzeuge, alle Tools der Selbstdarstellung, der Präsentation und Moderation. Hier findet sich neben NLP-Techniken rhetorisches und psychologisches Instrumentarium, das selbst in schweren Verhandlungen und Open-Space-Diskussionen greift.

In der oft zu Unrecht verteufelten Sprache der Medien kreuzen und begegnen sich Konzepte und Thesen, die die Substanz aller kommunikativen Mittel ausmachen: Körper, Töne, Sprache, Stimme, Satzbau, Wortwahl, Outfit, Etiketten.

In der Sprache der Medien teilen Sie Millionen mit, *wer* Sie sind, *wie* Sie sind und *was zu tun ist.*

Medientraining ist die Kunst der Konzentration von Mitteilung.

Der Autor

© Intomedia – the mediatraining company

Stefan Wagner
Geschäftsführer von *Intomedia – the mediatraining company*, ist der führende Experte für Interviewtechnik und Strategie in den Massenmedien im deutschsprachigen Raum. Er trainiert mit seinem Team sowohl die Medienstars des Landes als auch die Top-Führungskräfte aus Wirtschaft, Industrie und Politik.

Verwendete Literatur

Birkenbihl, Vera F.: Stroh im Kopf. Vom Gehirn-Besitzer zum Gehirn-Benutzer. mvg 2007

Häusermann, Jürg/Käppeli, Heiner: Rhetorik für Radio und Fernsehen. Sauerländer Verlag 1994

Scherer, Hermann: Wie man Bill Clinton nach Deutschland holt. Networking für Fortgeschrittene. Campus Verlag 2006

Schranner, Matthias: Der Verhandlungsführer. Strategien und Taktiken, die zum Erfolg führen. Deutscher Taschenbuch Verlag 2006